과학 글쓰기의 족쇄에서 벗어나
자유분방하게 써보려고 했습니다.
즐겁게 쓴 글이니 즐겁게 읽어주세요.

　　　　　- 상욱 드림

'과학'산문으로 불릴지
과학'산문'으로 불릴지 궁금합니다.
각자의 리듬으로 재미있게 읽어주세요.

　　　　　-채연 드림

과학산문

× 차례 ×

프롤로그	06
상욱의 무물	10

1부 | 과학 안에서 미끄러지기

과학자가 자신을 사랑한다는 것 × 상욱	16
빗면 위 물체의 가속운동 × 채경	26
낮은 차원의 이야기 × 상욱	36
회전하는 물체의 각운동량 × 채경	46
총, 빛, 사람 × 상욱	56
방향지시등 × 채경	68
창의성은 노가다에서 나온다 × 상욱	78
뭔가 단단히 잘못되었다면 활짝 웃어볼까요 × 채경	88
인쇄술의 신이시여, 감사합니다 × 상욱	96
파본을 부르는 손 × 채경	106
흑백 필경사―문체 계급 전쟁 × 상욱	116
빛과 고요와 빨래방 × 채경	128
무엇이든 물어보는 것에 대해 물어보다 × 상욱	138
제자리걸음도 걸음은 걸음이다 × 채경	150
어떻게 민주주의는 무너지는가 × 상욱	160
지구인에게 남은 선물 × 채경	170

2부 | 답장에 답장 보내기

폴리 베르제르 술집의 거울 × 상욱	180
지울 수 있는 흔적만 × 채경	194
미신, 습관, 흔적 × 상욱	202
어느 쪽이든 옳은 선택입니다 × 채경	212
유물론자가 무덤을 방문하는 이유에 대하여 × 상욱	222
기억의 공간 × 채경	232
겸재 정선 산수화의 비밀 × 상욱	242
피아노 물방울 × 채경	254
깊다深, 캐다探, 거울鏡 × 상욱	262
더그와 알렉스, 그리고 바다 세상 × 채경	274
따스한 햇살 아래 행복한 시시포스 × 상욱	284
언젠가는 × 채경	294

채경의 무물	302
에필로그	306

× 프롤로그 ×

상욱의 말

　천문학자는 별을 보지 않고, 물리학자는 원자를 보지 않습니다. 두 사람 모두 컴퓨터 화면을 봅니다. 컴퓨터 화면을 보며 별과 원자를 상상합니다. 직접 보는 것보다 상상하는 것이 대상을 더 잘 이해하는 방법일지도 모릅니다. 직접 만나 얼굴을 보고 이야기 나누는 것도 좋지만, 글을 통해 마음을 전하는 것이 더 좋을 때도 있으니까요. 외유내강의 멋진 천문학文學자에게 글로 마음을 전하게 되어 조금 흥분됩니다. 따뜻하면서도 단단한 내용이 담긴 답장을 받을 것 같아서입니다. 제가 쓴 글은 키보드의 압전 소자를 통해 전기로 바뀌고 공진회로를 통해 전파로 바뀌고 와이파이를 통해 인터넷으로 전달되고 빛의 속도로 상대 컴퓨터로 이동하고 디스플레이의 픽셀들을 이용하여 다시 글로 나타날 것입니다. 이 모든 부산한 움직임은 단지 상대에게 생각과 마음을 전하기 위해 존재하는 것이겠죠. 저희가 주고받을 생각과 마음을 함께 나누었으면 합니다.

채경의 말

편지를 씁니다. 가끔, 누군가에게요. 몇 날 며칠 골몰해도 풀리지 않는 문제가 있을 때, 앞으로 나아가긴 해야 하는데 어느 방향인지 종잡을 수 없을 때, 남이 보기엔 별것 아니지만 나 자신이 스스로 자랑스러워 누군가에게는 꼭 털어놓고 싶을 때. 뜬금없이 보내는 글을 미소 짓고 끄덕이며 읽어줄 것만 같은 사람에게요.

계절이 지나가는 시간을 느끼며 두 사람이 글을 주고받습니다. '과학산문'이라고 해서 꼭 과학을 설명할 필요는 없을 겁니다. 과학산문이란 무엇인가, 머릿속에 물음표를 그려보는 그 순간도 바로 과학이라고 말할 수 있을 테니까요. 이야기는 때로 꼬리에 꼬리를 물고, 엉뚱한 곳으로 새어나갑니다. 크고 작은 이야기, 사소하고 무거운 이야기를 타고 우리는 어딘가로 나아갑니다. 편지와 일기, 수필의 삼중점 영역 그 둘레를 굽이굽이, 오늘도 내일도 지구가 성실하게 공전하며 그리는 타원궤도상의 호弧 어드메를 함께, 걸으면 어떨까요?

상욱의 무물

Q.
우주는 왜 팽창하는지
궁금해졌습니다.

A.

모릅니다.

사실 이 한마디면 충분합니다. 하지만 너무 성의 없다고 생각하실까봐 사족을 붙여보겠습니다. 서양에서 탄생한 근대과학이 가진 중요한 특성은 무지無知를 공식적으로 인정한다는 것입니다. 당시 서양 사회를 지배했던 종교의 태도를 볼 때 이것은 좀 특별한 것이었죠. 기독교는 세상 모든 것을 안다고 주장했습니다. 전지전능한 신의 존재를 믿었기 때문에, 질문에 대해 '모른다'는 답을 하는 경우는 별로 없었죠. 설사 인간은 몰라도 신은 알고 있어야 했습니다. 지금이 유럽의 중세라면 신이 원했기 때문에 우주는 팽창하고 있다는 답을 들었을 확률이 큽니다.

과학은 오로지 물질적 증거에만 기반하여 결론을 내립니다. 증거가 없을 때는 그냥 모른다고 해야 합니다. 과학에는 모르는 것이 많습니다. 지구상 최초의 생명체가 어떻게 생겼는지 모르고, 인간 뇌의 작동 원리를 모르고, 고온초전도체의 원리를 모르며, 우주에서 쏟아져들어오는 감마

선의 정체를 모르고, 우주가 왜 팽창하는지, 즉 빅뱅이 왜 있었는지 모릅니다. 모르는 것을 정확히 알기에 과학에서는 연구 목표가 명확히 주어집니다.

과학이 안다고 할 때는 그것이 무슨 의미인지 정확히 설명해야 합니다. 우주가 팽창한다는 것은 우주가 커지는 모습을 직접 본 것이 아니라 멀리 있는 모든 은하가 우리에게서 멀어지고 있다는 사실로부터 추론한 것입니다. 단순히 멀어지는 것이 아니라 거리가 멀수록 속도가 거리에 정확히 일차 비례하여 커지는 방식으로 멀어지고 있죠. 즉, 거리가 두 배 멀면 속도가 두 배 빨라지는 방식으로요. 누군가 이렇게 지구를 중심으로 은하들을 정교하게 배치했을 수도 있지만, 그냥 우주 전체가 팽창한다고 하면 간단히 설명됩니다. 간단한 설명을 두고 구태여 누군가 은하들을 정교하게 배치했다고 할 필요는 없잖아요. 애써 배치할 거면 거리에 따라 속도가 제곱이나 세제곱으로 커지게 할 수도 있고 다른 수많은 방식이 가능한데, 왜 굳이 일차 비례로 커지게 했을까요?

우주가 팽창한다는 물질적 증거는 있지만, 왜 팽창하는지에 대한 증거는 아직 없습니다. 즉, 빅뱅이 왜 있었는지 아직 모릅니다. 과학에 모르는 것이 있다는 것은 전혀 놀랄 일이 아닙니다. 증거가 없으면 모릅니다. 진짜 놀라운 일은 과학 덕분에 우리가 이 정도로 우주를 안다는 것이 아닐까요?

과학 안에서 미끄러지기

과학자가 자신을
사랑한다는 것

×

상욱

안녕하세요? (자칭) 다정한 물리학자 김상욱입니다. 상쾌한 6월의 어느 날 장문의 이메일이 한 통 왔습니다. 따뜻한 인사말과 함께, 김영하님의 뉴스레터 〈영하의 날씨〉에 이어 심채경님과 주고받는 글을 연재해보면 어떻겠냐는 제안이 담긴 것이었습니다. 제가 너무나 애정하는 두 분과 관련된 일이라 무조건 하기로 했습니다. 이미 벌여놓은 일이 많아 나중에 후회할지라도, 이런 건 꼭 해야 하는 법이죠.

'영하의 날씨'에 대한 제 생각을 이야기하면서 글을 시작해보면 어떨까요? (영하님, 떨고 계시나요?) 영하零下란 0의 아래라는 뜻입니다. 수학적으로 음수라는 말이죠. 이 단어는 온도에만 쓰입니다. '영하의 전하'라든가 '영하의 성장률'이라는 말은 거의 쓰지 않습니다. 온도라고 했지만, 정확히는 우리가 사용하는 섭씨온도에서만 주로 쓰입니다.

미국에서는 화씨온도를 사용하는데, 화씨 0도는 섭씨 영하 17.8도니까, 화씨온도에서는 어지간해선 영하를 보기 힘듭니다. 우리가 화씨온도를 사용했다면 영하는 존재하기 힘들다는 말이죠.

섭씨온도는 물의 어는점을 0도, 끓는점을 100도로 정하여 만들어진 것입니다. 왜 물이냐고요? 물은 소중하니까요(우리 주변에서 쉽게 볼 수 있는 물질 가운데 일상의 온도인 0~100도에서 고체·액체·기체로 모두 존재하는 것이라 그렇습니다. 참고로 산소의 어는점은 영하 218도, 수은은 영하 39도, 금의 녹는점은 1065도, 철은 1535도입니다). 덕분에 물이 얼고 녹을 때마다 음수, 양수를 넘나드는 온도를 만나게 됩니다. 온도에서 음수를 만나는 것은 그리 어색한 일은 아닙니다. 하지만 연도에서 음수를 만나면 어떨까요? 물론 연도에서는 음수를 '기원전'이라고 표기합니다. 기원전 10년에서 5년이 지나 기원전 5년이 되었다는 문장이 저만 어색하게 느껴지나요? 사실 저 같은 물리학자는 음수를 영하나 기원전처럼 여러 가지로 표현하는 상황이 좀 번잡하게 느껴집니다.

연도를 그냥 음수로 써보면 어떨까요? 카이사르가 루비

루비콘강을 건넜던 기원전 49년을 −49년이라고 쓰는 거죠(사실 제 개인 노트에는 이렇게 씁니다. 영하 49년이라고 쓰면 루비콘강이 꽁꽁 얼어붙었을 것 같은 느낌이 드니 넘어가기로 하죠). 음수 연도를 쓸 때 생기는 문제가 있습니다. 로마제국은 235년 동서로 분열되는데, 카이사르가 루비콘강을 건넌 후 몇 년이 지난 때일까요? 235−(−49)=284니까 284년일까요? 아닙니다. 283년입니다. 왜냐하면 0년이 없기 때문입니다. 기원전 1년의 다음해는 0년이 아니라 서기 1년입니다. 우리나라엔 0살이나 0층도 없지만, 연도에도 0년은 없습니다. 예수가 탄생한 해를 0년이 아니라 1년으로 정했기 때문입니다. 따라서 연도에 영하는 없습니다. 아니 0, 즉 '제로' 자체가 없습니다. 0도가 있어 얼마나 다행인지 모릅니다.

'영하의 날씨'라는 표현이 물리학자를 더욱 심란하게 하는 것은 물리학자들이 가장 좋아하는 절대온도에 영하는 없기 때문입니다. 섭씨 0도는 절대온도로 273도입니다. 온도는 무엇을 나타내는 물리량일까요? 물리적으로 절대온도는 평균 에너지를 나타냅니다. 음의 에너지는 존재하지 않으니 음의 온도도 존재할 수 없죠. 절대온도에는 음수가 없습니다. 영하의 절대온도도 없죠. 제가 영하의 날씨를 싫어한다는 오해는 마시길 바랍니다. 기후 위기의 시대, 우리는 영하의 날씨를 그리워할지도 모르니까요.

'영하의 날씨'가 기다려지는 유난히 더웠던 여름이 가고, 어김없이 영상 10도의 날씨가 찾아올 것입니다. 여름과 겨울의 온도 차는 30도 정도에 불과하지만, 우리의 일상과 기분을 완전히 바꿀 만큼 엄청난 변화를 만들어냅니다. 저 같은 물리학자는 우주의 온도가 영하 270도 정도 되고 태양의 표면온도는 5500도에 달하니까, 지구에서 30도 정도의 변화는 아무것도 아니라고 말하고 싶어 입이 근질거립니다. 하지만 첫번째 글이니 이에 대해 길게 이야기하지는 않겠습니다. (이렇게 마음속의 생각을 글로만 쓰면 말을 한 걸까요, 하지 않은 걸까요?)

채경님과 글을 주고받기로 한 만큼, 채경님에 대해 이야기하지 않을 수 없습니다. '알쓸' 시리즈 최장 경력직으로서 말씀드리자면, 채경님만큼 독특한 캐릭터는 없었다고 할 수 있겠네요. 〈알쓸인잡〉에서 '자신이 가장 사랑하는 사람'을 주제로 이야기한 적 있습니다. 저는 물리학자 리처드 파인먼, 영하님은 프랑스 작가 오노레 드 발자크, 법의학자 이호님은 의사 히포크라테스를 선택했죠. 채경님이 선택한 가장 사랑하는 사람은 심채경 자신이었습니다. 저에게는 좀 충격이었죠. 앞으로 오가는 글 속에서 드러나겠지만, 나르시시스트가 아니면서 자신을 깊이 사랑하는 방법을 아는 분이랄까. 아마도 채경님이 천문학자이기 때문일지도 모른다는 생각을 해봅니다. 왜냐고요?

물리학자는 우주와 물질의 근원을 찾아 세상을 잘게 쪼개어갑니다. 항상 우리 주변에 있었던 것들에서 예기치 못한 속성을 찾아내고 이유를 설명하죠. 필요하다면 대상을 부수거나 변형하며 완벽히 통제하고 제어하면서 실험합니다. 나아가 이렇게 알아낸 속성을 이용하여 새로운 것을 만들거나 인류 기술문명에 큰 영향을 주기도 합니다. 하지만 천문학자는 우주에서 가장 거대하고 너무 멀리 있어 직접 가보기 어려운 세상을 다룹니다. 천문학자는 대상을 부수거나 변형할 수 없습니다. 있는 그대로 쳐다볼 뿐입니다. 원한다면 마음대로 외부 세계를 바꾸는 물리학자와 달리 천문학자가 내면에 집중하게 되는 이유가 아닐까요?

나르키소스가 천문학을 공부했다면 채경님이 되지 않

앉을까 생각해봅니다. 누구도 자기 자신을 둘로 쪼갤 수 없습니다. 따라서 자기 자신은 스스로 생각할 수 있는 가장 작은 존재라고 할 수 있죠. 나르키소스는 세상에서 가장 작은 존재인 자신밖에 알지 못하지만, 천문학자는 세상에서 가장 큰 우주를 연구합니다. 이 모순적인 만남이 채경님 안에서 일어나는 상상을 해봅니다. 저는 이 만남을 균형 잡힌 나르시시즘이라고 부르겠습니다. 원래 가장 작은 것은 가장 큰 것과 통하는 법이죠. 뭐든 0으로 나누면 무한대가 되잖아요? 사실 언제나 자신을 낮추시는 채경님을 나르시시스트라고 하는 것은 좀 과장된 표현입니다. 채경님, 첫 글이니 이해해주실 거죠?

나르키소스는 자신을 지나치게 사랑했습니다만, 자신을 사랑한다는 것이 과학적으로 무엇을 의미하는지는 쉬운 문제가 아닙니다. 내가 사랑하는 '나'란 정확히 무엇일까요? 그리스신화의 나르키소스가 사랑했던 얼굴, 즉 육체는 '나'의 중요한 부분이지만, 보통 '나'는 나의 정신적인 부분을 말하는 경우가 많습니다. 대중이 좋아하는 '김상욱'이 김상욱의 육체일 가능성은 별로 없잖아요? 내 정신의 어떤 부분이 나일까요?

　정신의 '나'는 나에게 들어온 모든 감각신호와 그 처리과정, 그리고 반응으로 구성됩니다. 청각, 시각, 후각, 촉각, 미각은 모두 독립적으로 운영되는 감각입니다. 이들 신호는 따로따로 뇌로 들어오죠. 그런데 이 신호들이 뇌에 모여서 마치 어떤 하나의 존재가 이들을 통합적으로 느낀다는 의식을 만들어냅니다. 꼭 그럴 이유가 없는데 말이죠. 뇌의 각 부분도 따로 작동합니다만, 뇌 전체를 관통하는 하나의 의식이 있는 듯한 느낌을 만들어냅니다. 이것은 당연한 것이 아닙니다. 조현병 환자는 여러 개의 '나'가 있다고 생각하거든요. '나'도 누군지 모르겠는데, 그런 '나'를 사랑하는 '나'는 그런 '나'와 같은 '나'일까요?

　양자역학에서는 모든 문제를 관찰자와 관찰대상으로 나누어 생각합니다. 관찰자가 관찰대상을 측정하면 대상에 변화가 일어날 수 있다는 것이 양자역학의 핵심 원리죠. 문제는 관찰자가 자신을 관찰대상으로 삼을 수 없다는 겁니다. 즉, 관찰자는 자신을 측정할 수 없습니다. 측정이라는 행위 자체가 관찰자와 관찰대상이라는 두 존재를 가정하고 있기 때문이죠. 축구를 하려면 두 개의 팀이 있어야 하듯이요. 양자역학에서 내가 나를 관측한다면 관측하는 '나'와 관측당하는 '나'는 달라야 합니다. 논리학에서도 자기 자신을 다루면 큰 재앙이 일어납니다. 괴델의 불완전성정리까지 가지 않더라도, 크레타인이 '모든 크레타인은 거짓말쟁이'라고 말하면 참인지 거짓인지 알 수 없으니까요. 내가 나에 대해 이야기할 때 모순에 빠질 수 있습니다. 결국 양자 세계, 논리 세계의 나르키소스는 자신과 다른 자신을 사랑하는 것이 안전합니다.

   자신을 너무 사랑하다보면 혼자 있는 시간이 많아집니다. 혼자 있을 때라도 외로움과 함께 있지는 말아야 한다고 김소연 시인이 이야기한 적 있죠. 친구가 밖에서 서성이다가 그냥 돌아갈 수 있으니까요. 자신이 최고로 보이면 자신감이 생길 수도 있습니다만, 잘할 것 같은 자신감보다 못해도 괜찮을 것 같은 느낌이 오히려 더 든든한 법이죠. 곧 다가올 영하의 날씨를 기다리며, 자신을 지극히 사랑하지만 외로움 따위는 블랙홀에 던져버리고 제가 뭔가 잘못해도 선선히 받아줄 것 같은 채경님과 나눌 즐거운 필담을 생각하니 벌써부터 마음이 설렙니다.

빗면 위 물체의 가속운동

×

채경

아침, 매일같이 오가는 길의 도로 표지판을 바라봅니다. 무척 익숙한 길이라서 뭐라 쓰여 있는지 의식할 필요조차 없던 안내판입니다. 고속도로 나들목 방향, 시내로 향하는 고가도로 방향, 출근하다 말고 (그럴 리는 없겠지만) 갑자기 집에 돌아가고 싶어진 사람들을 위해 설치된 유턴 표지판이 눈에 들어옵니다. 이제 보니 도로교통 표지판에는 영어가 병기돼 있습니다. 공간이 좁아 너무 긴 지명은 과감하게 축약했지만, 영어 사용자라면 길을 찾는 데 문제는 없을 것 같습니다. 그런데 표지판이 제게 너무나 낯선, 글자조차 구별할 수 없는 언어로 적혀 있다면 어떨까요? 이집트 신성문자나 마야문자로 적혀 있다면요? 자주 보던 표지판을 상상 속 글자로 덮어봅니다. 미지의 세계에 온 기분으로, 혹은 타임머신을 타고 과거의 도시에 도착한 기분으로, 출근길을 잠시 장식해봅니다.

　상욱님이 '타임머신'이라는 대목에서 마뜩잖은 표정을 지으셨을 것을 상상합니다. 미래인가 과거인가 생각하시다가 '과거의 도시'라는 대목에서 바로 고개를 절레절레 저으셨을 줄로 압니다. 그건 아니야, 생각하신다면서요. 저는 과학자의 그런 순간을 좋아합니다. 아닌 건 아니라고 말하는 태도. 분위기를 좀 깬다거나 주위 사람들의 눈 흘김이 설핏 감지되더라도 아닌 건 아닌 건데 어떻게 아닌 걸 아닌 게 아니라고 해, 하는 표정. 조금 시무룩해지거나 입을 삐죽이면서도 여전히 아니라고 말하고 싶어 적절한 타이밍을 자꾸만 찾는 요상한 성실함. 그렇게 아니라고 우기다가도 제대로 된 반박이 들어오면, 자신이 명확히 틀렸다는 것을 발견하고 나면 갑자기 그게 맞다며 쉽게 태세를 전환하는. 유독 그런 사람들이 많은 집단에서 살아가고 있다는 점이 상욱님과 저의 공통점인 듯합니다. 첫 만남에서부터 편안함과 익숙함을 느낀 이유는 그래서였겠죠.

　지금은 과학자들에 둘러싸여 과학계 종사자로 살고 있지만 저는 과학을 별로 좋아하지 않았어요. 빗면 위에서 미끄러지는 나무토막의 가속운동 문제에서 단, 마찰은 무시한다고 할 때부터 마음에 안 들었습니다. 마찰이 없는 경사면이니 빙판이니 하며 둘러대지만 우리는 잘 알고 있잖아요. 세상은 그렇게 단순하지가 않다는 걸. 입안의 혀도 때로 박자를 못 맞춰 깨물어가며 사는데, 우리의 어떤 움직임에 마찰이 없을 수 있을까요? 그림 속 나무토막의 중심점으로부터 아래로 또 옆으로, 두 개의 화살표를 그으며 문제 풀이를 시작할 수 있는 것도 종이와 연필심 사이의 마찰 덕분인데 말입니다.

  교과서 밖에서 살아가는 나는 옹이가 잔뜩 나고 결도 휘어진 나뭇조각처럼 이리 못나고 저리 불퉁해 세상에 부대끼며 허덕이는데, 책 속 나무토막은 한 치의 오차도 없는 완벽한 직육면체인데다 내부의 물질 분포가 균질해 마찰이라곤 고려할 필요도 없는 매끈한 내리막길에서 미끄럼을 타고 똑바로만 간다니요. 교과서는 우리를 기만하고 있는 게 분명합니다. 눈앞의 명료한 현실도 제대로 모사하지 못하는 물리법칙으로 온 우주를 설명해서는 안 된다고 생각했습니다.

지구가 태양 주위를 한 바퀴 도는 데 걸리는 시간은 삼백육십오 일하고도 다섯 시간 사십팔 분 사십육 초 남짓이지만, 일단 365일이라고 어림잡아야 수많은 사람과 함께 일상을 살아갈 수 있습니다. 물론 어림잡은 하루는 자연이라는 실제의 하루와 다르기 때문에 문제가 발생합니다. 매일 조금씩의 오차가 차곡차곡 쌓여 낮밤이 뒤집히고 하루이틀이 바뀌고 절기가 틀어집니다. 그러면 우리는 때때로 2월 29일이라는 윤일을 달력에 끼워넣었다 뺐다 하며 어떻게든 해결하려고 합니다.

공전만 문제인 게 아닙니다. 지구 자전도 빨라졌다 느려졌다 합니다. 지구는 수학 교과서에 등장하는 이상적인 구체가 아니니까요. 불균질하게 분포하는 다양한 물질로 구성된데다 안에서는 대기와 바다가 요동하고 때로 지각이 흔들리며, 밖에서는 달과 밀당을 합니다. 달뿐이겠습니까? 저멀리서 목성이니 토성이니 소행성이니 하는 온갖 태양계 천체가 이리 당기고 저리 밉니다. 그러다가 미세한 시간 오차가 너무 많이 쌓이면 이번에는 슬쩍, 윤초를 집어넣습니다. 지구상의 인간 대부분이 깨닫지 못하는 사이, 23시 59분 59초와 0시 0분 0초 사이에 23시 59분 60초의 시각이 1초간 존재한 적이 몇 번 있었습니다.

자연의 물리법칙에 대처하는 인간의 법칙은 이처럼 임시변통일 뿐입니다. 그런데 그 미봉지책이 삶을 어떻게든 굴러가게 만들어 나를 구원합니다. 나라는 존재가 4년에 한 번 나타나는 2월 29일이나 그보다 드물게 나타나 더 짧게 지속되는 23시 59분 60초처럼 느껴질 때, 그 작고 소중한 윤일과 윤초 덕분에 인간이 자연의 리듬에 잘도 박자를 맞추며 살아갈 수 있음을 생각합니다.

영화 〈라이프 오브 파이〉를 보셨나요? 주인공 파이는 자신의 존재 가치를 증명하기 위해 원주율 파이π의 소수점 아래 무한히 이어지는 숫자를 칠판 가득 써내려갑니다. 무한소수는 소수점 뒤로 이어지는 숫자가 길어질수록 참값에 점근漸近합니다. 아무런 규칙도 없이 늘어서는 숫자를 하염없이 쓰기. 그토록 의미 없어 보이는 행동을 계속할수록 진리에 조금 더 가까이 가닿습니다. 파이 쓰기는 백팔배, 요가, 기도, 명상과 다를 바 없습니다.

소수점 아래 몇째 자리까지 기재해야 그 정도면 파이라고 쳐줄 수 있을까요? 칠판 가득 쓰는 대신 3.141592나

3.14까지만 쓰면 파이의 정체성은 왜곡되는 걸까요? 대학원생 때, 아직 외부에 발표되지 않은 관측 자료를 얻기 위해 공동연구자가 있는 파리-뫼동 천문대에 몇 달 머물렀습니다. 천문대에는 프랑스뿐 아니라 유럽 여러 나라에서 온 해외 연구자들이 많았지만 한국인의 방문은 드문 일이었는지, 그룹 사람들과 구내식당에서 점심을 먹을 때면 한번도 생각해본 적 없는 질문을 받곤 했습니다. 서울 지하철은 몇 제곱킬로미터 면적을 커버하는가, 북한을 적으로 맞대고 있는 나라에서 2002년 월드컵 거리 응원 때 대중은 어떻게 사회주의를 상징하는 색깔인 빨간색 옷을 거부감 없이 입었는가, 같은 것들요. 한번은 연구실 누군가가 출장길에 사 온 초콜릿을 나눠 먹는데 그날따라 생각이 없어서 됐다고 했더니, 초콜릿을 안 먹는 게 저인지 한국인인지 궁금해했습니다. 둘 다 아닌데. 어쩌다 초콜릿 한 조각을 사양했다고 해서 초콜릿을 안 먹는 민족의 일원으로 근사近似당하는 것은 어쩐지 좀 억울했어요.

〈압축하지 마, 세계 대회〉는 예술가 송호준이 세계 곳곳에서 선보인 관객 참여형 작품입니다. 카메라 앞에서 10초간 몸을 움직여 용량이 가장 큰 영상을 만드는 대회이기도 해요. 정적인 피사체를 촬영한 동영상 파일은 용량이 작습니다. 압축 알고리즘은 모든 순간 모든 몸짓을 기록으로 남기는 대신, 특정 데이터포인트를 기준으로 얼마나 바뀌는지만 저장하고, 천천히 바뀌는 느린 변화는 축약해버리니까요. 압축당하지 않으려는 참여자는 색도 무늬도 요란한 옷을 걸치고 무척 빠르게, 누구도 예측하지 못할 난해한 프리스타일 춤을 춰야 합니다. 저 사람 어디 이상한 거 아냐? 싶을 정도가 되어야 거의 모든 순간, 모든 픽셀이 기록에 남습니다.

파리-뫼동 천문대에 머무르는 동안, 제게 구내식당에서의 점심시간은 '압축하지 마, 뫼동 대회'였어요. 제대로 대답하지 못하면, 전후 사정을 빠르고 자세히 설명하지 못하면, 수천만 한국인의 다양성을 저 한 사람으로 압축해버릴 것만 같았습니다. 뫼동 대회에서 저는 극렬한 프리스타일 춤을 추는 데 성공하지 못했습니다. 프랑스어로 진행되는 세미나에 제가 한 번 불참하는 바람에 말없고 소극적인 존재로 압축당한, 수많은 적극적인 한국인분들께 사과드립니다.

요즘 저는 '압축하지 마, 천문학자 대회'에 출전중입니다. 어떤 사람들은 천문학자라면 으레 별자리도 잘 알고 〈스타워즈〉의 광팬이며, 어릴 때부터 수학·과학에서 두각을 보였을 거라고 생각합니다. 그런데 저는 『천문학자는 별을 보지 않는다』라는 제 책의 제목과 상당히 일치하는 삶을 살아왔습니다. 과학 시간, 빗면 위 나무토막의 가속운동 문제에서 마음 상한 이야기는 벌써 해드렸죠. 영어 독해 문제집 지문을 초단편소설처럼 읽는 걸 휴식으로 여기며 고등학교를 졸업했습니다. 뭐, 그런 저여도 괜찮더라고요. 수학 천재, 코딩 천재, 망원경 천재, 〈스타트렉〉 천재 틈에서 어찌저찌 살아남아 아직 학계에 존재하고 있습니다.

우리가 글을 주거니 받거니 한다는 소식은 아마 물리학자와 천문학자의 만남, 물리학자×천문학자 등으로 전해질 겁니다. 원주율 파이가 실상은 3.14도 3.1415926535도 아니듯, 우리를 물리학자와 천문학자라는 단어로 충분히 설명할 수는 없습니다. 우리는 어떤 사람일까요? 우리가 쓰는 글이 늘 '과학산문'으로 분류될 수 있을까요?

이제는 저도 압니다. 과학은 무시할 것을 무시하고, 생략할 것을 생략함으로써 세상 만물의 움직임을 이해하는 기틀을 세우고 초석을 닦는다는 것을. 상욱님과 제가 서로 다르게 갖고 있는 각자의 넓은 스펙트럼을 물리학자, 천문학자라는 누르개로 납작하게 만들어버리지 않았다면 우리는 직장 밖 사람들에게 이만치 가까이 다가갈 수 없었을 겁니다. 근사값의 근사함을, 이제는 압니다.

걸도 속도 이상적이지 않은 나를 더 못나 보이게 만들곤 하던 그 완벽한 나무토막을, 조금의 마찰도 없이 매끄럽기만 한 빗면을 거침없이 내려오며 지구로 돌진하는 그의 가속운동을, 이제는 똑바로 응시하며 미소 지을 준비가 됐습니다.

낮은 차원의 이야기
×
상욱

채경님 말씀처럼 저도 물리학자 누르개로 납작하게 눌리는 것은 좋아하지 않습니다. 3차원 물체를 납작하게 만들면 2차원 물체가 되니까, 하나의 차원을 잃어버리는 셈입니다. 그러니 다른 사람에 의해 '차원 낮은' 인간이 되는 건 내키지 않습니다. 물체를 납작하게 만드는 데에는 물리적으로 두 가지 방법이 있습니다. 누르거나 돌리는 거죠. 반죽을 빙빙 돌리면 원 모양으로 넓게 퍼집니다. 회전하는 물체에 바깥 방향으로 밀어내는 원심력이 작용하기 때문이죠. 도자기를 만들 때 찰흙을 돌림판 위에서 회전시키는 것을 생각하면 됩니다. 외부에서 힘으로 누르지 않아도 스스로 자신을 납작하게 만들 수도 있다는 뜻입니다.

회전하는 우리은하는 납작한 원반 모양입니다. 소용돌이처럼 보이기도 하죠. 고흐의 〈별이 빛나는 밤〉에서는 별들이 은하와 같이 소용돌이칩니다. 그렇게 그린 이유는 당시 정신병원에 입원했었을 만큼 고흐가 정신적으로 취약했기 때문일 수도 있지만, 천문학에 관심이 많았던 그가 천문학 책에서 소용돌이 성운의 모양을 봤을 가능성도 있다고 하네요.

소용돌이를 쳐다보고 있으면 시선도 중심으로 빨려 듭니다. 최면을 걸 때 소용돌이 패턴을 이용하는 것도 이런 이유 때문이 아닐까요? 그래서인지 소용돌이는 신비한 기운(이런 비과학적 표현이라니!)을 품은 듯 여겨지기도 합니다. (별을 보지 않는) 채경님도 별이나 은하의 모습을 보며 이런 비과학적(!) 감상에 빠지곤 하시는지 궁금합니다.

은하의 회전운동은 은하가 탄생하는 순간 우연히 주어진 초기조건initial condition에 의한 것이지만, 의도적으로 회전운동을 만들 수도 있죠. 애니메이션 〈개구쟁이 스머프〉의 악당 가가멜이 솥에서 스머프 수프를 저을 때 소용돌이가 생깁니다. 에드거 앨런 포의 단편 「소용돌이 속으로의 추락」 속 주인공처럼 중심으로 빨려 들어가는 위험한 소용돌이도 있지만, 수프 소용돌이 속 스머프는 단조로운 원운동을 할 뿐입니다. 어쨌든 스머프에게 불행한 일이기는 하지만요.

  태양계도 초속 270킬로미터, 즉 소리보다 천 배쯤 빠른 속도로 우리은하 소용돌이를 따라 돌고 있습니다. 사진을 보면 태양계가 은하 중심으로 빨려 들 것처럼 보이죠. 사실 은하의 중심에는 가가멜이 휘젓는 수프 같은 거대한 블랙홀이 있으니까 이런 느낌에는 이유가 있다고 볼 수 있습니다. 하지만 우리는 블랙홀로 빨려 들어가고 있지 않습니다. 뉴턴은 달이 지구로 떨어지고 있지만 지구에 닿지 않는다고 말했죠. 달은 탄생할 때 우연히 가졌던 초기속도와 지구의 중력 때문에 지구 주위를 원운동하고 있지만 지구로 빨려 들지는 않습니다. 지구가 태양 주위를 원운동하지만 태양으로 빨려 들어가고 있지 않은 것처럼 말이죠. 우리에게는 다행한 일입니다.

  은하의 회전속도는 뉴턴역학으로 완벽하게 예측할 수 있습니다. 문제는 뉴턴역학의 예측이 실제 관측된 회전속도와 다르다는 겁니다. 이럴 때 뉴턴이 틀렸다고 하기는 두려우니까(과학자들도 인간입니다), 우리 눈에 보이지 않는 정체 모를 무엇인가가 숨어 있다는 쪽으로 과학자들 사이에서 대략 합의된 상태입니다. 남은 것은 정체 모를 무엇에게 멋진 이름을 지어주는 일인데, '암흑물질'이라는 기가 막힌 이름이 주어졌죠. 천문학자에게 천문학 이야기를 하다가 실수할 수도 있으니(물론 채경님은 제가 실수해도 선선히 받아주실 분이기는 합니다만) 이쯤에서 '차원 낮은' 음식에 관한 이야기로 넘어가볼까 합니다.

납작복숭아도 별미지만, 저는 납작만두를 좋아합니다. 실은 밀가루로 만든 납작한 음식을 모두 좋아합니다. 탈리아텔레, 페투치네, 라자냐, 마팔디네 같은 면面 파스타는 물론이고, 면을 만 원통형 파스타도 좋아합니다. 리가토니와 마카로니도 원통형이지만 너무 작은 원통이라 면 식감이 떨어지죠. 그래서 큰 원통 모양인 펜네를 가장 좋아합니다. 원통의 두 끝을 이어붙이면 토러스라는 도형이 되는데 도넛 모양을 상상하시면 됩니다(반지름이 큰 도넛형 파스타를 먹어봤으면 하는 바람입니다. 추릅!).

납작한 면은 중국에도 있습니다. 사실 면麵은 중국이 원조죠. '뱡뱡면'은 여러모로 유명한 면면面麵을 가지고 있습니다. 아직 직접 먹어보지 못했지만, 사진을 보면 거의 허리띠나 다름없습니다. 뱡뱡면의 '뱡'은 획수가 가장 많은 한자로도 유명합니다. 무려 58획! 아래아한글 문서 작성 프로그램 한자 목록에 등록되어 있지도 않습니다. 이 한자를 컴퓨터 화면에 10포인트로 온전히 나타내기는 불가능할 겁니다.

납작한 면이 2차원이라면, 국수는 1차원적입니다. (0차원에 가까운 좁쌀이 있기는 합니다만) 차원이 가장 낮은 음식이죠. 저는 그런 국수를 너무 좋아합니다. 사흘 이상 국수를 먹지 않으면 금단증상이 나타나기 시작할 정도랄까요.

중국 식당 면 요리 가운데 가장 좋아하는 것은 간짜장입니다. 간짜장을 제가 원하는 대로 만드는 식당이 많지 않다는 것이 문제죠. 면 음식은 아시다시피 면발이 생명입니다. 푹 풀어져 흐물거리는 면은 최하급으로, 생밀가루를 먹는 것보다 나을 뿐 국수의 정신을 블랙홀에 던져버린 것이나 다름없습니다. 예전에 찬물라면 레시피를 공개하여 큰 물의(?)를 일으킨 적이 있는데 그것도 쫄깃한 라면 면발을 얻으려는 동기에서 시작된 겁니다.

제대로 된 면발이란, 씹을 때 국수 전분을 이루는 포도당의 글리코사이드 결합이 가벼운 반발력으로 치아에 뉴턴의 제3법칙에 따른 반작용력을 가하는 차가운 기운이 있어야 합니다. 굵기 또한 중요한데, 면의 원통형 대칭이 살짝 깨진 상태로 그 두께의 변화가 예측 가능한 패턴에서 아주 조금만 벗어나는 것이 중요합니다. 쉽게 말해서 면의 굵기가 일정하지 않아야 한다는 말입니다. 면의 길이는 한 번의 흡입으로는 입안에 다 들어가지 못하고 두 번이면 완전히 사라지는 정도가 좋습니다. 하지만, 흡입의 강도는 사람에 따라 다르기에 일정 정도 포기해야 하는 부분이기도 하죠.

또한 가위로 면발을 난도질하는 것은 국수의 본질을 훼손하는 행위로 비난받아 마땅합니다. 1차원은 '길이'라는 단 하나의 물리량으로 그 존재가 규정됩니다. 면을 자르는 것은 1차원 구조가 가진 유일한 특성을 제멋대로 재단하여 면의 자존심을 꺾는 행위라 할 수 있습니다. 이는 단지 편히 먹기 위해 근본을 버리는, 쉽게 말해서 UFO의 이상한 움직임을 이해하자고 물리학을 버리는 것과 다름없는 행위입니다.

물리적으로 볼 때, 간짜장은 짜장면과 비교하여 따로 준비된 소스가 있다는 것이 특징이죠. 일단 소스가 면과 섞이고 나면 엔트로피가 증가하여 이전의 상태로 돌아갈 수 없기 때문입니다. 간짜장 소스의 생명은 탱글탱글한 양파입니다. 소스에 들어가는 돼지고기도 중요하나 핵심은 아닙니다. 암흑물질이라는 미지의 존재를 도입해서라도 뉴턴역학을 지켜야 하듯이, 간짜장 소스에서는 돼지고기를 희생해서라도 양파를 지켜야 합니다. 양파는 한 숟가락에 7~8조각 들어갈 정도의 크기로 잘려서 아주 강한 불로 잠시만 조리하여 양파 세포들이 아직 자신이 온전히 살아 있다고 착각하는 상태여야 합니다. 이 조건을 만족하는 식당을 찾는 것은 지하철에서 책 읽는 사람 찾는 것만큼 어렵습니다.

 삶은 달걀이 냉면을 완성하듯이, 단무지는 짜장면 계열 음식을 완성하는 마지막 요소입니다(부산에서는 달걀부침이 간짜장을 완성합니다). 단무지의 노란색이 색소라서 무채색 단무지를 선호하는 이들도 있는데, 짜장의 검은색에 무채색은 너무 단조로운 대비라 생각됩니다. 관성의 법칙을 얻기 위해 마찰력을 무시하듯이, 설령 몸에 좋지 않더라도 짜장면에는 노란색 단무지가 제격인 것 같습니다. 근래 단무지를 보면서 마음이 불편한 것은 그 색깔이 아니라 두께 때문입니다. 무릇 음식에는 적정 두께가 있는데, 그것은 우리가 느끼는 맛이 화학적 작용만이 아니라 치아가 경험하는 역학적 반발력에도 있기 때문입니다. 그렇다고 단무지 두세 개를 한 번에 먹는 것은 요리사의 의도를 무시하는 것 같아 마음이 불편할 뿐 아니라, 개별 단무지 사이에 존재하는 경계면의 미세한 질감이 적정 두께 단무지의 아련한 기억을 떠올려 썩 유쾌하지만은 않은 느낌을 줍니다. 아! 적정 두께 노란 단무지여!

KBS 다큐멘터리 〈인사이트 아시아—누들로드〉에 따르면 국수는 중국의 탕湯 문화와 서역의 빵 문화가 결합하여 탄생한 거랍니다. 서역에서 밀가루는 빵으로 만들어 구워먹었습니다. 우리도 그렇지만 중국인은 뭐든 끓여먹길 좋아합니다. 밀가루를 끓여먹기 위해 만들어진 음식이 국수라고 할 수 있습니다. 짧은 시간 동안 밀가루에 국물 간이 잘 배도록 부피 대 표면적 비율을 최대로 만들어야 했는데, 그런 기하학적 구조가 바로 '1차원' 국수였던 겁니다. 차원 낮아지는 것은 싫지만, 차원을 낮추면 공간적으로 주변과 소통하는 능력이 늘어납니다.

저를 물리학자라는 틀로만 바라보신다면, 김상욱이라는

사람을 '납작하게' 만드는 일일 겁니다. 하지만 그로 인해 좀더 수월하게 소개되는 것 또한 사실입니다. 남은 차원은 다른 사람이 들어올 수 있는 열린 공간이 될 수도 있고요. 일단 제 공간에 들어오면 눌려서 보이지 않던 암흑차원(?)에 대해 이야기할 기회도 생기겠죠. 이렇게 소통이 더 쉬워진다면 조금 납작해지는 것쯤은 참을 수 있다고 생각합니다. 필요하다면 제가 회전하여 스스로 납작해지는 것도 고려해볼 수 있다는 뜻입니다. 그래서 제가 차원 낮은 국수를 좋아하는 걸까요? 아마도 오늘 점심은……

회전하는 물체의
각운동량

×

채경

상욱님은 천체의 움직임을 총알의 속도에 자주 비유하시던데, 우리은하의 속도에 대해 말씀하실 때는 총알 대신 소리를 고르셨네요. 달은 총알과 같은 속도로 지구 주위를 돌고 있다고 하셨죠. 사실은 총알보다 두 배 빠릅니다. 그러나 천문학에서는 백 배, 천 배 정도는 되어야 좀 차이가 나는 걸로 봐주니까 두 배 정도면 그럭저럭 같다고 할 수 있습니다. 함께 출연한 방송 촬영 현장에서 달과 총알의 이야기를 하실 때, 옆에 서 있던 저는 잠시 딴생각을 했습니다. 총알의 속도를 어떻게 알지?

지금 제가 총알이 달의 공전보다 조금 느리다는 사실을 알고 있는 것은, 그 촬영이 끝난 뒤에 찾아봤기 때문입니다. 총알처럼 빠르다는 말은 조금 빠르다, 무척 빠르다, 엄청나게 빠르다, 다음 순서로 올 법한 부사로 사용하신 걸까? 총을 쏘아본 적이 있는 사람들은 아기의 걸음마와 어른의 달리기, 자전거, 자동차, 기차의 빠르기처럼 총알의 속도도 감각적으로 인지하고 있을까? 저도 클레이 사격장에 놀러가서 몇 발 쏘아본 적은 있습니다. 날아드는 목표물을 맞추기보다는 총의 반동에 제 뺨만 얻어맞았기 때문에 총알의 속도가 어땠는지는 기억이 잘 나지 않습니다.

   소리는 총알보다 느립니다. 그래서 누군가가 총소리를 들었다면 적어도 그 사람은 총에 맞지 않은 거라고들 합니다. 물론 총에 맞았으되 목숨만은 부지한 이라면 그 소리를 들었을지도 모릅니다. 생의 마지막 순간에 가장 마지막에 꺼지는 기능이 청력이라고 하던데, 그게 사실이라면 치명상을 입은 채 들었을 수도 있겠습니다. 죽음의 순간에 대한 얘기를 하면 마음이 무거워지고 생각이 많아지니까 천둥번개로 바꿔보겠습니다. 천둥과 번개는 동시에 발생하는데, 먼저 번개 불빛이 번쩍 하늘을 가른 뒤에 쿠구궁 천둥소리가 납니다. 번쩍, 한 뒤에 천천히 숫자를 세어봅니다. 하나, 둘, 셋, 넷. 4초 뒤에 쿠구궁 소리가 들렸다면 천둥번개를 동반하는 구름은 약 1.4킬로미터 거리에 있습니다. 빛과 소리 사이의 간격이 점점 짧아진다면 구름은 다가오는 중이고, 길어진다면 멀어지는 중입니다. 그런데 총알을 생각해보아도, 천둥번개를 생각해보아도, 여전히 달과 지구와 태양과 은하가 움직이는 속도는 어느 정도인지 짐작이 잘 안 됩니다.

우리은하가 총알 혹은 소리보다 천 배나 빨리 회전하고 있는데도 그 안에 있는 우리는 그걸 느낄 수 없습니다. 지금 제가 타고 있는 ITX-마음 열차는 시속 150킬로미터로 달려가고 있는데, 그 안에 앉아 노트북을 펴고 상욱님께 보낼 글을 적는 저는 그걸 잘 인지하지 못합니다. 창문으로 가을 햇살이 가득 비쳐와 열차 객실 안으로 흘러듭니다. 창문을 닮은 사다리꼴 햇살이 통로 바닥에 비스듬히 걸려 있습니다. 기찻길 옆 큰 나무를 지날 때마다, 전신주를 지날 때마다 햇살이 깜빡입니다. 햇살은 찰나의 순간에 열차의 창으로 들어왔다 안 들어왔다 합니다. 열차에서는 해가 반짝거립니다. 반짝이는 햇살이 눈부셔 저도 자꾸만 눈을 깜빡여봅니다.

별도 반짝입니다. 별이 반짝이는 이유는 제가, 상욱님이, 우리가, 그걸 바라보고 있기 때문입니다. 별은 원래 반짝이지 않는다고 지적하실 거죠? 저도 알고 있습니다. 천문학 수업을 들었으니 그건 알아야겠죠. 저는 배웠지만 제가 천문학 교양 강의를 할 때 수강생들에게 알려줬는지는 기억이 잘 안 납니다. 그런 것도 안 가르쳤던가 잠깐 반성해봅니다. 수영장 밖에서 그 속을 들여다보면 출렁이는 물결 때문에 바닥의 무늬가 보였다 안 보였다 하는 것처럼, 별빛은 지구 대기의 요동 때문에 우리 눈에 도달했다가 빗나가기를 반복합니다. 그러면 우리 눈에는 별이 보였다 안 보였다 하는 겁니다. 그걸 우리는 별이 반짝인다고 합니다. 바람이 거셀수록 별은 더 가열차게 반짝입니다.

우리가 보지 않을 때, 별은 반짝인다고 할 수 있을까요? 빛은 입자여서 저멀리 별에서부터 출발한 빛 알갱이 몇 개가 우리의 각막에 와 닿는 것일까요, 아니면 빛은 파동이어서 저멀리의 별빛이 우리에게까지 전파되는 것일까요? 대기의 성분과 밀도와 움직임에 따라 별빛은 나름대로 직진합니다. 내비게이션도 없는데 매 순간 가장 빠른 경로를 찾아서 곧장 앞으로 나아갑니다. 가장 빠른 길은 수시로 변합니다. 그러면 별빛은 찰나마다의 가장 빠른 길을 따라 지표면상의 여기에도 닿고 저기에도 닿습니다. 우리가 보고 있지 않을 때는 그렇단 말입니다. 그러니까 별빛은 반짝이는 게 아니라 이리로 갔다 저리로 갔다 하는 겁니다. 그러니까 별은 오로지 우리가 보고 있어서, 우리가 보고 있기 때문에, 그토록 찬란히 반짝입니다.

별처럼 반짝이는 존재를 본 일이 있습니다. 발레 전공 입시 준비를 하는 학원에서 춤추는 아이들을 보았어요. 서 있을 때는 목각인형처럼 곧고, 피루엣pirouette을 돌 때는 곧추선 팽이처럼 정확하고, 주테jeté를 뛸 때에는 나비처럼 날아올랐으며, 파드샤pas de chat 동작은 과연 고양이의 발걸음처럼 사뿐했습니다. 예비 발레리나들이 폴짝거리는 연습실 안은 중력도 작용하지 않는 듯했습니다. 지구는 의자에 앉아 근엄한 눈으로 아이들의 움직임을 좇는 원장 선생님과 열린 문 근처를 서성이며 연습실 안을 기웃대는 구경꾼들만을 가열차게 잡아당기고 있는 것만 같았습니다. 콩쿠르 시즌이 되면 세상에서 가장 무서운 얼굴을 하고 때로는 욕도 서슴지 않는 원장 선생님은 연습실 밖의 사람들에게는 무척 인자한 표정으로 따뜻한 미소를 지어줍니다. 아이들이 심사위원 앞에서 긴장하지 않도록 훈련이라도

시킬 요량인지 문 앞의 사람들을 연습실로 들여주었습니다. 그리고 저는 거기에서 똑똑히 보았습니다.

  아이는 울고 있었습니다. 음악에 맞추어 발레리나 특유의 미소 띤 얼굴로 춤을 추던 그 아이는 이제 막 고등학교에 입학한 열몇 살내기. 떨어져서 볼 때는 몰랐는데 가까이에서 보니 웃고 있는 얼굴에서 눈물이 비처럼 흐르고 있었습니다. 아이가 뛰어올랐다 내려올 때마다 토슈즈 앞코의 나뭇조각이 연습실 고무 바닥에 부딪히는 소리가 들렸습니다. 음악이 끝나고 잠시간의 멋진 엔딩 포즈 끝에 아이는 그대로 풀썩 무너졌습니다. 깃털처럼 날아다니던 발레리나는 어디 가고 바닥에 쓰러진 채 서럽게 통곡하는 고등학생만이 남았습니다. 아까부터 쥐가 났다고 했습니다. 저린 것과 쥐가 난 것은 다릅니다. 보통은 쥐가 나면 바로 그 자리에 주저앉게 됩니다. 그런데 아이는 한참 전부터 종아리 근육이 뒤틀리는 고통에도 준비한 음악이 끝나는 순간까지 그 모든 동작을, 미소 짓는 것까지 잊지 않고, 완수했습니다. 나는 살면서 한 번이라도 저렇게까지 최선을 다해본 적이 있었을까, 생각했습니다. 밤새 공부를 해본 적도 있고, 이사 비용을 아끼려고 티브이도 세탁기도 그

많은 책도 혼자 힘으로 옮긴 뒤 몸살을 앓은 적도, 갈비뼈에 금이 간 채로 아이를 안고 다닌 적도 있지만, 뭘 하기가 너무 고통스러워 울면서까지 기어코 해야 할 일을 해내고야 말았던 적이 있는지 생각했습니다. 저보다 한참이나 어린 그 아이를 존경하게 되는 데에는 한 곡의 음악이 끝나는 시간이면 충분했습니다.

상욱님은 발레 공연을 보신 적이 있나요? 저는 그 아이를 존경하게 된 이후로 발레를 감상할 때의 마음이 크게 바뀌었습니다. 그저 멋지고 신비로운 예술작품으로 여겼는데, 이제는 작품 속의 사람이 보입니다. 무대 뒤쪽에서부터 뛰어와 크게 날아오르는 그랑 주테grand jeté 끝에 무용수가 착지할 때 나는 쿵 소리가 자꾸만 귀에 꽂히며 제 발목이 다 아려옵니다. 한 자리에서 스무 바퀴, 서른 바퀴 넘게 푸에테fouetté를 돌 때 박자에 맞추어 관객이 보내는 박수 소리가 팽이채 같아서 마음이 아픕니다. 발레 공연을 즐기고 싶다면 콩쿠르 시즌 발레 교습소는 우회하시길요. 그러나 저는 다시 그때로 돌아가더라도 해맑게 발레 공연을 보는 대신 최선을 다한다는 게 무엇인지 목격하고 누군가를 깊이 존경하게 되는 쪽을 선택할 겁니다.

회전하는 발레리나는 각운동량을 잃지 않기 위해 발끝으로 섭니다. 바닥에 닿는 면적을 최소화해서 마찰을 줄입니다. 회전하는 움직임에 따라 알맞게 팔을 오므렸다 폈다 합니다. 회전하기 위한 중심축으로 삼은 다리는 꼿꼿하게 딛고, 다른 다리를 던지듯 뻗었다가 재빨리 감으면서 회전관성은 줄이고 각속도를 빠르게 합니다. 팔다리를 벌리면 느리게 돌고, 몸에 붙이면 계속해서 빨리 돌 수 있을 것 같지만, 실상은 어느 쪽이든 마찰 때문에 점점 느려집니다. 그럴 때는 내 몸의 일부를 과감히 던져야 합니다. 물론 다음 순간 재빨리 되가져오는 것을 잊으면 안 됩니다. 음악이 다 끝날 때까지, 있는 힘껏.

총, 빛, 사람

×

상욱

채경님의 지난 편지에는 총알의 속도, 별빛의 반짝거림, 발레하는 사람 이야기가 나옵니다. 일러스트에서 별자리로 표현된 발레리나의 실루엣도 인상 깊었습니다. '별레리나'라 부르고 싶더군요. 이번 편지는 채경님이 사용하신 세 가지 소재로 저만의 이야기를 해보도록 하겠습니다.

전쟁사에 관심이 많은 저에게 총에 대해 이야기할 기회를 주셔서 감사드립니다. 총은 인류 역사에서 가장 중요한 물건의 하나입니다. 농경이 시작되자 잉여산물이 생겼고, 이를 약탈하는 무리도 나타났을 겁니다. 농경과 함께 요새나 성이 등장한 것은 우연이 아니겠죠. 남아 있는 가장 오래된 성의 하나인 예리코성은 성벽의 높이를 볼 때 동물이 아니라 인간의 침입을 대비하여 만들어진 것으로 보입니다. 그리고 침입자와 방어자 사이의 분쟁을 전쟁으로 보아도 무방할 겁니다.

고대 이래 전장의 중심은 보병이었습니다. 당시 대부분의 인간 활동은 인간 스스로의 힘으로 해야 했으니 전투도 예외는 아니었겠죠. 하지만 말을 탄 기병이 등장하자 전쟁의 양상이 바뀝니다. 보병은 진형이 무너지면 끝장이었습니다. 혼자 서 있는 보병은 그저 칼을 든 농부일 뿐이니까요. 희생자 대부분은 전투중이 아니라 진형이 무너져 도망가는 동안 발생합니다. 기병은 발 빠르게 움직여 약점을 찔러 진형을 무너뜨린 후 적을 살육하는 역할을 했습니다. 중세가 되자 이제 기병이 전장의 중심이 됩니다.

기병의 세상도 영원하지는 못합니다. 석궁이나 장궁 같은 강력한 발사 무기가 나타나자 기병은 달리는 과녁으로 전락해버리죠. 이즈음 총이 등장합니다. 총은 보병의 공격력을 극적으로 향상시킵니다. 보병이 사람을 죽이려면 칼로 여러 번 내리쳐야 했지만, 총은 방아쇠만 당기면 무기를 다룰 줄 모르는 농부조차 상대를 죽일 수 있으니까요. 물론 총이 쏠 만하게 되는 데는 오랜 시간이 걸립니다.

15세기 유럽에서 발명된 화승총은 화약에 직접 불을 붙여 사용해야 해서 한 번 발사하는 데 드는 시간이 꽤 길었던 바람에, 칼은 여전히 중요한 무기였습니다. 뒤마의 소설 『삼총사』의 '총사'가 바로 화승총 사수입니다. 임진왜란 때 일본군이 사용한 총이기도 합니다. 비가 오면 무용지물이었죠. 17세기 말 완성된 수발총은 방아쇠를 당기면 부싯돌이 금속과 충돌하여 불이 일어나 화약을 점화하는 총이었습니다. 화승총이나 수발총 모두 총구로 구형의 금속 총탄을 화약과 함께 넣어야 했습니다. 화약 찌꺼기 때문에 총구가 막힐 수 있어 총을 쏠 때마다 열심히 총구를 청소해야 해서 발사 절차 또한 복잡했습니다.

19세기 미국의 남북전쟁은 후미 장전식 뇌관형 소총이 사용되는 등 총기 기술박람회를 방불케 했습니다. '후미 장전식'이란 총알을 총구가 아닌 후미에서 넣는 것이고, '뇌관형'은 화약이 총알 내부에 들어 있어 방아쇠를 당기면 공이치기가 총알의 뇌관을 때려 총알 내부 화약이 폭발하여 발사되는 것을 말합니다. 총알을 후미에서 넣으려면 뚜껑을 닫았을 때 가스가 새나가지 않도록 완전 밀봉하는 기술이 필요합니다. 뇌관형 총에는 화약과 뇌관이 들어간 특별한 (지금은 당연한) 총알이 있어야 하죠. 이제 총은 다루기가 매우 쉬워 누구나 쉽게 쏠 수 있게 되었습니다.

칼과 달리 총과 같은 발사 무기는 살인의 저항감을 줄여주었을 뿐 아니라, 지금처럼 사정거리가 긴 총은 얼굴을 보지 않아도 상대를 죽일 수 있습니다. 총알 속도는 총구를 떠날 때 초속 1킬로미터에 달합니다. 엄청난 속도의 총알이 가진 운동에너지로 사람의 육체를 찢어버립니다(이런 무시무시한 무기를 돈만 내면 누구나 소유할 수 있는 미국이 이상한 나라라고 생각합니다).

별들의 운동을 완벽하게 설명한 뉴턴의 물리학은 날아가는 총알과 포탄의 정확한 궤적을 알려주는 데도 그 진가를 발휘합니다. 뉴턴의 물리학은 총알의 궤적만 알려준 것이 아닙니다. 종교가 지배하던 서양 사회에 균열을 일으켰고, 인간의 이성으로 세상을 이해할 수 있다는 계몽주의를 낳았습니다. 계몽주의는 시민혁명의 바탕이 되어 근대 민주주의를 탄생시킵니다. 사실 민주주의는 총과 함께 시작되었다고도 볼 수 있습니다.

고대 그리스의 민주주의는 시민 개개인의 권리를 소중히 여기는, 당시로서는 독특한 정치체제였죠. 시민에게 실질적인 권력이 있기에 가능했습니다. 그 권력은 시민만이 지원할 수 있었던 중장보병에서 나왔습니다. 중장보병은 그리스 군대 전력의 핵심이었죠. 중세가 되자, 기병, 즉 특별한 소수의 귀족이 전장을 지배하며 귀족의 시대가 됩니다. 말을 보유하고 갑옷으로 무장하는 것은 엄청난 비용이 드는 일이어서 일반인은 엄두도 낼 수 없었으니까요.

하지만 발사 무기는 보병을 다시 전장의 주역으로 만듭니다. 총으로 무장한 개인은 방아쇠를 당겨 누구든 죽일 수 있는 힘을 가졌기 때문이죠. 시민혁명은 총으로 무장한 개인들이 봉건권력에 대항한 것입니다. 총을 든 개인만이 아니라 총이라는 기계를 만드는 산업 자본가들도 권력을 잡게 되죠. 이것은 제 개인적인 생각이니 너무 심각하게 받아들이실 필요는 없습니다만, 결국 총은 근대를 연 물건 중 하나인 게 분명합니다.

계몽과 총이 만든 근대는 이전 시대의 모든 가치를 무너뜨립니다. "별이 빛나는 창공을 보고, 갈 수가 있고 또 가야만 하는 길의 지도를 읽을 수 있던 시대는 얼마나 행복했던가? 그리고 별빛이 그 길을 훤히 밝혀주던 시대는 얼마나 행복했던가?" 죄르지 루카치의 『소설의 이론』에 나오는 글입니다. 뉴턴의 과학은 하늘에서 움직이는 별의 운동을 지상에서 떨어지는 사과의 운동과 같은 것으로 만들어버렸습니다. 달은 낙하하는 돌덩어리가 되었죠. 인간의 미래를 알려주던 신성한 별빛은 수소 핵융합반응에서 나온 전자기파로 전락합니다. 뉴턴의 법칙과 양자역학이 지배하는 하늘은 더이상 신이 사는 공간이 아닙니다.

별빛이 길을 안내하던 시절, 신은 인간에게 삶의 의미와 목표를 주었습니다. 이제 신이 사는 공간은 사라지고 인간은 신 없는 세상에서 스스로 삶의 의미를 찾아야 하는 신세가 된 것입니다. 저는 무신론자입니다. 하지만 신이 없다는 증거를 보며 기뻐하는 사람은 아니길 바랍니다. 인간을 사랑해줄, 삶의 의미를 제시해줄 신이 없기 때문에, 이제 인간이 다른 인간을 사랑하고 구원해야 한다고 생각하는 사람이 되고 싶습니다. 별빛이 별빛답지 않은 시대, 인간에게는 인간이 필요합니다.

채경님은 발레에서 인간을 보셨는데, 저는 더 나아가 모든 것에서 인간을 봐야 한다고 말하고 싶습니다. 물리학자가 이런 이야기를 하는 것이 좀 이상하기는 합니다. 왜냐하면 물리에는 인간이 없기 때문이죠. 물리학을 공부하며 귀에 박히도록 들은 이야기는 우주를 이해하려고 할 때 인간을 배제하라는 것이었습니다. 즉, 인간의 감각, 상식, 경험을 믿지 말라는 뜻입니다. 지구는 편평하지 않습니다. 태양이 아니라 지구가 돕니다. 일정한 속도로 움직이는 물체는 자연스럽습니다. 우리 주위에는 눈에 보이지 않는 중력장과 전기장이 있습니다. 움직이는 물체의 시간은 느리게 흐르고, 질량 주위의 시공간은 휘어져 있고, 전자는 동시에 두 장소에 존재합니다. 물리에 인간적인 생각이 설 자리는 없어 보입니다.

물리학과 학생들과 면담을 하다보면 공부의 어려움을 토로하는 학생을 만날 때가 있습니다. 그러면 저는 이런 질문을 던집니다. "뉴턴의 결혼생활은 어땠을까?" 생뚱맞은 질문이죠. 뉴턴의 법칙을 죽어라 공부했지만 정작 뉴턴이 어떤 사람인지 모르는 경우가 많습니다. 학생들에게 책에 있는 법칙과 수식은 고등학교 문제집에 나오는 내용처럼 이해하고 암기해야 할 대상일 뿐이라 그럴지도 모릅니다. 하지만 그 모든 내용 뒤에는 그것을 알아낸 인간이 있습니다. 뉴턴이 어떤 사람인지 알게 되면 그의 법칙과 수식을 볼 때 좀더 친근하게 느껴지지 않을까요?

제가 아는 프로야구 마니아는 야구의 규칙이나 선수들 기록은 물론, 특정 선수의 최근 가정사까지 알고 있더군요. 뭐, 누가 시켜서 아는 것이 아니라 너무 좋아하니까 자연히 알게 된 것이겠죠. 저는 학생들에게 이렇게 말해줍니다. "아마추어 마니아도 그 분야에 대해 이 정도를 아는데, 자네는 물리 전문가가 되려고 하지 않나? 물리적 내용은 물론이고 주변 지식도 모두 알고 있어야 어디 가서 진정한 전문가라고 할 수 있지 않을까? 물리를 정말 사랑한다면 그 속에 등장하는 인물이 어떤 사람인지 궁금해질 것도 같은데? 시험에 나오지 않지만 좋아하니까 자연히 알게 되는 거지."

18세기를 살았던 수학자 오일러는 물리학에서도 세운 업적이 많습니다. 안타깝게도 31세에 한쪽 눈을 실명했는데, 59세에는 나머지 눈의 시력마저 잃게 됩니다. 하지만 암기하고 암산하며 76세로 죽을 때까지 연구를 수행합니다. 수업시간에 이런 이야기를 해주고 "자, 오늘은 오일러가 시력을 완전히 상실한 후 오로지 머릿속 계산만으로 알아낸 내용을 배울 겁니다. 이런 걸 만들지는 못할지라도 이해는 해야 하지 않을까요?"라고 덧붙이죠. 자신이 공부할 내용에서 인간이 보이면 애착이 생깁니다. 인간은 사물이나 개념이 아니라 다른 인간을 사랑하도록 진화했기 때문이죠.

공부할 때 인간을 아는 것은 동기를 부여할 뿐 아니라 깊은 이해에 가닿게 해주기도 합니다. 저는 양자역학을 공부할 때 도저히 이해가 되지 않아 학과 동기들과 스터디 그룹을 만들어 함께 토론했습니다. 전원 기숙사 생활하는 학교이다보니, 밤을 꼬박 새우며 토론하는 경우도 있었습니다. 결국 문제는 이런 거였죠. "도대체 왜 이런 방식으로 양자역학을 만든 걸까? 왜 행렬을 대각화하면 에너지가 나오는 거지? 아니, 애초에 왜 행렬을 사용한 거야?" 교과서에 이런 질문에 대한 답은 없습니다.

결국 하이젠베르크가 양자역학을 만들던 순간, 무슨 생각을 하고 있었는지를 알아야 했던 겁니다. 하이젠베르크가 직접 쓴 논문 원본과 책을 찾아보고, 그의 전기와 역사책을 읽어보며 제가 원했던 답에 서서히 접근해갈 수 있었습니다. 학문을 시작할 때 가장 중요한 것은 그 분야의 역사라고 생각합니다. 철학은 철학사, 경제학은 경제학사에서 시작해야 합니다. 물리학도 과학사나 물리학사로 시작해야 하죠. 왜냐하면 모든 학문은 인간이 만들었기 때문입니다. 그 학문의 발전 과정에서 있었던 인간들의 좌충우돌을 모른다면 교과서에 나와 있는 내용이 왜 하필 그런 방식으로 되어 있는지를 이해하기 힘들기 때문입니다.

채경님 덕분에 총에서 시작하여 민주주의, 시민혁명, 별빛, 신을 지나 인간에 이르는 짧은 여행을 다녀올 수 있었습니다. 왠지 잠깐 〈알쓸신잡〉을 촬영한 것도 같은데 말이죠.

방향지시등

채경

총알의 속도 얘기를 꺼냈다가 <알쓸신잡>을 감상했네요. 출연자 김상욱은 어쩜 그리 사소한 것 하나에서 시작해 그렇게 다양하고도 일맥상통하는 이야기를 끌어내시는지 매번 감탄합니다. 사실 그 모든 이야기가 처음부터 끝까지 다 흥미롭지는 않을 때도 있습니다. 중간에 잠깐 놓칠 때도 있죠. 그러나 저를 포함하여 시청자인 우리는 그 방송에서 이야기뿐만 아니라 그 너머의 인간 김상욱을 함께 보았다고 생각합니다. 상욱님의 이야기도 흥미롭지만, 여행 장소에서 문득 무언가 자신만이 가진 이야기를 만날 때 더욱 또렷해지는 눈빛, 얼른 그 이야기를 전하고 싶어 설레는 얼굴, 다른 출연진들이 잘 듣고 있지 않거나 놀리고 싶다는 표정일 때에도 자못 진지해지는 말투, 안타까운 이야기를 전할 때 비치는 깊은 공감의 정서가 더 흥미롭죠. 언제나 물리에서 시작해 인간으로 귀결하는 상욱님의 이야기를 들으며 우리는 어쩌면 그 이야기보다 상욱님에 대해 알게 되는 것 같아요.

촬영은 언제나 그 자체로 또하나의 작은 여행 같았습니다. 집에서 촬영장까지의 실제 거리와는 별개로 평소 자주 오가던 공간이 아니라는 점에서, 일상에서는 별로 할 기회가 없던 낯선 이야기들 속으로 몰입했다가 빠져나오게 된다는 점에서 마치 짧은 휴가를 다녀오는 듯했어요. 그러고 보니 상욱님과는 주로 평소의 일터가 아니라 촬영장이나 강연장 같은 조금은 특별한 시공간에서 만나곤 했네요.

제가 사는 대전에 강연하러 오셨을 때 차로 모시러 간 적이 있었죠. 기차역에 바래다드리기도 했고요. 그러다 보니 상욱님은 제 차에 몇 번 타셨는데, 저는 운전자 김상욱을 만날 기회가 아직 없었습니다. 차 모는 걸 좋아하시나요? 탱크 이야기는 여러 번 들었지만 차 이야기 하시는 건 듣지 못했다는 생각이 듭니다. 저는 운전하는 걸 좋아해요. 차는 곧 거대한 사물함, 달리는 노래방, 휴대용 에어컨이자 히터죠. 건조한 계절에 자체 가습 기능이 없다는 건 조금 아쉬운 점이지만, 전반적으로 알차고 유용한 공간입니다. 그리고 무엇보다 누구와도 부대끼지 않고 홀로 고요한 시간을 갖게 해주는 선물 상자이기도 하죠.

사실 차 안에 홀로 앉아 있다고 해서 〈김씨 표류기〉의 밤섬처럼 절대적 고립이나 완벽한 고독만을 경험할 수 있는 것은 아닙니다. 전방 차량들의 움직임에 따라 오른발을 액셀러레이터 위에 둘지 브레이크 위에 둘지 결정합니다. 거울로 옆과 뒤의 상황도 살핍니다. 욕을 하는 운전자도 있습니다. 자기보다 천천히 가면 멍청이, 빨리 가면 미친놈이라고 부릅니다. 달리는 중이라면 옆 차선의 운전자가 내 차의 문을 열고 얼굴을 들이밀며 험악한 소리를 할 수 없기 때문에, 욕을 해도 안전할 것 같습니다. 그렇지만 명심할 필요가 있습니다. 내가 독점하고 있는 공간에 내뱉은 부정적 언사를 듣는 것은 나 자신뿐입니다. 나를 앞지른 미친놈이나 방금 뒤처진 멍청이에게는 들리지도 않고, 어떤 영향도 미치지 못합니다.

드라마 〈더 글로리〉에서 딸을 상대로 범죄를 저지르는 남자를 응징하러 가는 성난 운전자 전재준은 추월차선에서 길을 막는 앞차에 거침없이 욕을 하며 분노를 불태웁니다. 그럴 땐 욕도 좀 해야 합니다. 해일처럼 덮쳐오는 불안을 좀 누그러뜨리는 효과가 있거든요.

그러나 대개의 '다정한' 운전자들은 비상등으로 메시지를 보냅니다. 잠시 정차중이라고 깜빡깜빡. 차선을 바꾸기 어려운 중에 끼어들게 해줘서 고맙다고 깜빡깜빡. 전방에 일이 생겨서 급감속한다고 양쪽 '깜빡이'를 켭니다. 출산 직전의 산모를 이송중이거나 사랑하는 이의 임종을 지키기 위해 위험을 감수하고 필사적으로 달려야 할 때, 교통체증으로 꽉 막힌 고속도로에서 화장실이 너무 급한 나머지 인간으로서의 긍지를 상실할 지경에 맞닥뜨려 어쩔 수 없이 휴게소를 향해 갓길로 질주할 때에도 비상등을 켜게 될 겁니다. 그럴 때 깜빡이는 운전자들끼리 소통하는 만국 공통의 언어입니다. 자세한 사정은 모르지만 일단 알았어, 하는 마음이 듭니다.

무슨 그럴 만한 사정은 있겠지만 자세히는 알 수 없으니까, 때로는 차 뒷유리창에 작은 전광판이 있다면 어떨까 생각합니다. 음성 인식 기능으로 운전자의 말을 받아 적어 뒤차 운전자가 보게 할 수 있지 않을까요?

끼어들게 해줘서 고마워.

이유는 모르지만 전방 비상사태!

나는 이만 여기서 왼쪽 길을 택한다네, 아디오스.

초보운전 스티커를 붙인 차가 너무도 능숙하게 '칼치기'를 하며 금세 시야에서 사라져버리면 어떤 배신감 같은 게 드니까, 정말 초보가 운전중일 때만 전광판에 초보운전 메시지를 띄워주는 것도 좋겠습니다. 그리고 어느 날 아침 느닷없이 엔도르핀이 넘치고 인류애가 폭발한다면 전광판에 이렇게 적을 수도 있겠죠.

오늘도 반짝이는 하루 보내세요오오! (~^▽^)~♫•*¨*•.¸¸♪

아차차, 다시금 성난 전재준이 떠오르는군요. 그의 전광판에 어떤 말이 적힐까 생각하니 아찔합니다. 아무래도 전광판 아이디어는 인류 평화에 도움이 안 될 것 같네요.

저의 출근길 마지막 신호는 좌회전입니다. 퇴근길 마지막 신호도 좌회전입니다. 직장에 혹은 집에 도착하기 전 마지막 시간, 저는 도로 한가운데 차선에 멈추어 서서 왼

쪽을 가리키는 초록색 화살표가 켜질 때까지 기다립니다. 두 신호 모두 직진 후 좌회전이기 때문에 양옆으로는 차들이 쌩쌩 달리고 있습니다. 그 흐름이 잦아들고 모두가 멈추고 나면 제가 움직일 차례입니다. 곡률이 큰 원호를 그리든, 작은 원호를 그리든, 별 탈 없이 좌회전을 하고 나면 따각 소리를 내며 깜빡이가 꺼집니다.

  깜빡이 소리를 좋아합니다. 정확히 말하자면 깜빡이 꺼지는 소리를 좋아합니다. 엉뚱한 차선에 잘못 들어갔거나 핸들을 잘못 돌려 황급히 꺼지는 깜빡이 말고, 차가 부드럽고 완만하게 회전하는 동안 끈기 있게 천천히 똑 딱 똑 딱 소리를 내며 기다리다가 마침내 방향 전환을 완수하고 핸들이 제자리로 돌아올 때 꺼지는 깜빡이 소리를요. 차가 나지막이 말을 걸어오는 것 같습니다. 호들갑을 떨거나 과하게 추켜올리지는 않지만 사소한 임무라도 완수해낸 것을 무시하지도 않는 알맞게 정확한 소리. 잘했어.

  차에서 나는 소리는 차종마다의 고객층에 맞게 설계된 것입니다. 젊은 층이 주로 타는 차는 깜빡이 소리도 발랄하게, 중역들이 타는 차는 중후한 소리가 나도록 디자인합니다. 차 문을 닫을 때 '통' 소리가 나는 게 좋을지 '탁' 소리나 '늑' 소리가 좋을지를 고민하는 사람들이 있습니다. 잘은 모르지만 소리를 바꾸기 위해 접촉면의 재료를 바꾸거나 힌지의 댐퍼를 조절해 문이 닫히는 속도를 조절할 수 있을 겁니다. 문 안쪽 물질의 재료와 밀도와 분포를 바꿀 수도 있겠죠. 자동차 내장재로 사용할 수 있는 물질의 범위, 견고함이나 안전성, 차체의 중량이나 탑승자의 촉감 등을 복합적으로 고려해야 할 테니 변동의 여지가 크지는 않겠지만, 그 와중에도 혁신적인 아이디어를 내고 실현하는 사람들이 있을 겁니다. 그런 걸 상상하다보면 차 문을 닫을 때 저도 모르게 잠시 숨을 멈추게 되기도 합니다. 흡, 툭, 휴우.

운전자가 깜빡이 레버를 움직이면 릴레이의 전자석에 전류가 흐르고 자기장이 생깁니다. 그러면 금속 스위치가 움직여 회로를 닫거나 엽니다. 이때 금속이 반복적으로 가볍게 부딪히며 소리가 납니다. 깜에 한 번 빡에 한 번. 깜, 빡, 깜, 빡. 핸들 안에는 깜빡이를 자동으로 끄기 위한 작은 돌출부가 있다고 합니다. 회전을 마친 뒤 핸들이 제자리로 돌아올 때 깜빡이 레버를 원래의 위치로 밀어냅니다. 기계장치를 잘 알지 못하는 사람도 도로 위 다른 차량들 사이에서 안전하게 주행할 수 있도록, 깜빡이 끄는 것을 잊어버려서 뒤차 운전자를 혼란스럽게 만드는 일이 없도록, 자동차는 인간을 배려합니다.

사실 21세기에 제조된 자동차의 깜빡이 소리는 대개 인위적으로 꾸며진 것입니다. 자동차에 전자제어 장치를 도입하는 등 많은 부분이 전자장치로 대체되어서 그렇습니다. 디지털 릴레이에서 기계적인 소리가 날 리 없습니다. 그러나 운전자는 방향지시등이 켜져 있는지 여부를 인지해야 하므로 깜빡이 소리는 꼭 들려야 합니다. 그래서 자동차 회사는 음원을 만들었습니다. 기계식 깜빡이 소리를 감쪽같이 재현해, 깜빡이를 켜면 박자에 맞춰 같은 소리가 나게 만들었죠. 요즘은 그에 더해 문을 열거나 시동을 켜고 끌 때 효과음을 내기도 합니다. 컴퓨터를 켤 때 나는 소리, 넷플릭스에 로그인할 때 나는 소리처럼 차의 시그널 음향을 만듭니다. 기분에 따라 음악 테마를 바꿀 수도 있겠죠.

오늘도 깜빡이 소리와 함께 별 탈 없이 출근했습니다. 어제까지의 제가 달력에 적어둔 지시사항에 따라 오늘의 할 일을 하나씩 해치울 겁니다. 어쩌면 오늘 하려던 일을 다 마치지 못할 수도, 내일의 저 자신에게는 어떤 할일을 부여해야 할지 좋은 생각이 나지 않을지도 모릅니다. 자동차 회사가 깜빡이 소리 음원은 제공하지만, 언제 깜빡이를 켜야 하는지, 왼쪽인지 오른쪽인지, 오늘은 또 내일은 어디로 나아가야 하는지는 알려주지 않으니까요. 그래도 일단 오늘도 하는 데까지 해볼 요량입니다. 언제, 어디로 한 발 내딛을지는 오롯이 제가 정하는 겁니다. 나를 따르라, 하고 앞장서는 저를 제가 후방에서 보위하며 따라갈 겁니다. 디지털 음원이든 기계적 소리이든, 제가 스스로에게 지시한 방향을 따라 어떻게든 큰일 없이 하루 일과를 잘 마치고 퇴근하겠습니다. 깜빡이 소리와 함께 마지막 신호를 받아 무사히 좌회전을 마치면, 언제나처럼 제 차가 말을 걸어올 겁니다. 오늘 중요한 첨부파일을 빼먹고 메일 전송 버튼을 눌렀더라도, 가까운 동료에게 농담이랍시고 한 말이 경박한 말실수였음을 깨닫고 풀이 죽었더라도, 마지막 좌회전만큼은 잘했어, 딸깍. 수고하셨습니다, 오늘도.

창의성은
노가다에서 나온다

×

상욱

채경님께서 제가 자동차 운전을 좋아하는지 물어보셨는데, 저는 운전을 별로 좋아하지 않습니다. 제가 예민한 성격이라 그런 것 같아요. 운전하는 동안 고려해야 할 수많은 사항들에 스트레스를 받거든요. 그래서 웬만하면 지하철이나 기차를 탑니다. 버스는 별로 좋아하지 않는데, 책을 읽을 수 없기 때문입니다. 저에게는 이동하는 시간이야말로 독서를 할 수 있는 얼마 안 되는 귀중한 시간이거든요.

사실 자동차를 포함하여 대부분의 '물건'에도 관심이 별로 없습니다. 저는 자동차나 가전제품을 살 때 직접 고른 적이 거의 없습니다. 대개 아내가 결정했죠. 휴대폰이나 노트북 같은 전자기기도 고장이 나야 비로소 교체합니다. 아무튼 (저는 별로 관심 없는) 자동차의 깜빡이 소리로 그렇게 다채로운 이야기를 할 수 있다는 것이 흥미롭습니다. 언제나 느끼지만 채경님은 작은 것에서 풍성한 내용을 찾아내는 능력, 한마디로 창의성이 넘치는 분 같아요. 그래서 오늘은 창의성에 대한 제 생각을 이야기해볼까 합니다.

세상은 정말 빠르게 변하고 있습니다. 보통 사람들은 변하는 세상에 대비하기는커녕 적응하기도 힘듭니다. 이번에 또 어떤 새로운 인공지능이 나왔다고 하는데, 일일이 알아보고 따라가기도 벅찹니다. 그렇다고 손놓고 있다가 나만 뒤처져서 도태될까 두렵죠. 빠른 변화가 일어난다는 것은 이전에 한 번도 본 적 없는 문제와 만날 수 있다는 뜻입니다. 완전히 새로운 방법이나 해법이 필요할 수도 있다는 거죠. 바로 이 지점에서 창의성 담론이 등장합니다. 변화의 시대를 헤쳐나가는 데는 새로운 방식으로 생각하는 능력, 즉 창의성이 중요하다는 주장입니다.

어떤 부모는 아이에게 창의성을 키워주기 위해 음악이나 미술 교육을 시킵니다. 모든 부모가 그런 것은 아니겠지만, 예술적 창의성을 통해 아이들이 학교 필기시험에서 좋은 성적을 거두길 바라는 경우도 있습니다. 그런데 예술을 배우면 수학이나 과학 성적이 정말 좋아질까요? 저는 교육 전문가는 아니지만, 예술의 창의성과 과학의 창의성은 다르다고 생각합니다. 예술은 수학·과학 공부에 도움이 되기보다는 삶을 풍성하게 하기에 아이들이 배워야 하는 것 아닐까요.

과학은 답이 있는 문제를 다룹니다. 근대과학은 물리학에서 시작되었습니다. 물리는 세상을 시간과 공간, 그리고 그 속에서 움직이는 물질로 기술합니다. 주어진 순간에 물질이 배열된 상태를 사건이라고 할 수 있습니다. 어느 한 순간 우주에는 하나의 사건만 일어나야 합니다. 나무에서 떨어지는 사과는 어느 한 순간 오직 한 장소에 있습니다. 수능 물리 시험문제의 정답이 반드시 하나만 존재하는 이유입니다. 물체의 위치에 대한 문제를 풀었는데 답이 두 개 나온다면 뭔가 잘못되었거나 둘 중 하나의 답을 버려야 합니다. 답이 아예 없다면 물체가 있을 위치가 없다는 이야기이니까 물체는 존재조차 할 수 없습니다.

과학은 인과율을 가정합니다. 특별한 결과에는 특별한 원인이 있어야 하죠. 물체의 속도가 변한다면 이유가 있어야 합니다. 뉴턴은 그 이유를 '힘'이라고 불렀습니다. 인과

율은 결과에 대한 원인이 반드시 있다고 말해줍니다. 원인에 대한 질문, 즉 '왜?'라는 질문에 대한 답이 반드시 존재한다는 뜻이기도 합니다. 결국 과학의 질문에는 답이 있습니다. 때로 어떤 질문은 답을 모른 채 오랜 시간이 지나기도 하는데, 대개 질문이 틀려서 그런 경우가 많습니다. 예를 들어, '태양계 행성은 모두 지구 주위를 한 방향으로 도는데, 왜 화성은 이따금 반대 방향으로 돌까?'는 틀린 질문입니다. 태양계 행성은 지구가 아니라 태양 주위를 돌기 때문에 지구에서 보는 각도에 따라 화성은 반대 방향으로 돌기도 합니다. 화성이 이상한 것이 아니라 천동설이 틀렸던 것이죠.

과학과 달리 예술에서는 답을 고려하지 않고 질문을 던지는 것, 즉 질문 자체가 중요하다고 생각합니다. 예술의 가치는 정답을 찾는 데 있지 않고 의미 있는 질문을 던지는 데 있는 것이죠. 마르셀 뒤샹은 돈 주고 구매한 '소변기'를 미술작품이라고 주장했습니다. 이는 예술의 정의에 대한 '정답'을 주는 것이 아니라 예술이 무엇인지 질문을 던지는 것 아닐까요?

김경일은 저서 『창의성이 없는 게 아니라 꺼내지 못하는 것입니다』에서 흥미로운 심리실험에 대해 이야기합니다. 초등학생들에게 원, 삼각형, 물음표 등 다양한 형태의 도형 이미지가 그려진 종이를 보여줍니다. 그리고 이 이미지 가운데 다섯 개를 골라서 새롭고 신기한 것을 만들어보라고 합니다. 그러면 아이들은 서로 비슷한 이미지를 골라서 대개 자동차, 기차, 집 같은 것을 만듭니다. 창의적인 답과는 거리가 멀죠.

　두번째 실험에서는 먼저 마음에 드는 이미지 다섯 개를 고르라고 합니다. 아이들의 선택이 끝나고 나서 지금 고른 것을 가지고 새롭고 신기한 것을 만들어보라고 합니다. 그러면 아이들은 "뭐야, 미리 말을 해줬어야죠" 하면서 불평할 겁니다. 내가 왜 이런 이미지를 고른 거지 자책하면서 말이죠. 하지만 이제 아이들의 결과물은 이전과는 완전히 다릅니다. 갑자기 아이들이 창의적으로 바뀐 것일까요?

　아이들을 좀더 괴롭혀보죠. 이번에는 아이들에게 새롭고 신기한 생각에 대해 마음껏 이야기해보라고 합니다. 곤충과 대화를 하고 싶다는 한 아이의 말을 듣고, 다음 아이는 자신의 몸이 바이러스만하게 작아지면 좋겠다며 더욱 과장된 내용을 이야기합니다. 아이들의 생각은 신기함을 넘어 황당함이 되어갑니다. 자, 이제 이미지가 그려진 종이를 보여주고, 지금 말한 황당한 생각을 이미지 다섯 개를 골라서 구현해보라고 합니다. 아이들의 얼굴은 분노로 일그러질 겁니다. 하지만 이제 아이들은 세상에서 가장 창의적인 결과물을 내놓기 시작합니다. 창의적인 사람은 없습니다. 창의적인 상황이 있을 뿐. 아마 예술의 상상력은 이렇게 길러질 수 있을 겁니다.

과학의 창의성은 완전히 새로운 답을 찾아야 할 때 필요합니다. 일명 '문제 밖으로 나가기'죠. 이번에는 아이들에게 방탈출게임을 시킵니다. 말 그대로 갇힌 방에서 탈출하는 게임입니다. 방안에는 잠긴 문을 열 수 있는 열쇠가 있습니다. 방에 있는 여러 단서를 이용하여 열쇠를 찾아 방문을 열고 나가는 두뇌 게임이죠. 하지만 저는 앞서 이야기한 이미지 고르기보다 더 사악한 방탈출게임을 준비했습니다. 열쇠를 방안이 아니라 방 바깥에 둔 겁니다.

방을 아무리 뒤져도 열쇠가 나오지 않을 테니 아이들은 지쳐갑니다. 일반적인 아이들은 여기저기 조금 둘러보다 금방 포기해버릴지도 모르죠. 하지만 어떤 훌륭한 아이는 이렇게 할 수도 있습니다. 우선 방을 가로세로 1미터 길이의 정사각형 구역으로 나누고 각 구역마다 1번부터 차례로 번호를 매기는 겁니다. 그리고 종이에 번호를 차례로 씁니다. 이제 구역을 하나씩 찾아보고 열쇠가 없으면 그 구역의 번호에 × 표시를 합니다. 사실 이것은 정확히 과학자가 연구하는 방식입니다. 이런 식으로 하나씩 × 표시를 하다 보면, 안타깝지만 모든 번호에 × 표시가 될 겁니다. 이쯤 되면 이 훌륭한 아이조차 포기할지 모릅니다.

만약 이 아이가 너무너무 훌륭한 아이라면 '아, 내가 실수했구나' 자책하면서 다시 탐색을 시작할 수도 있습니다. 이번에는 이전보다 더 촘촘히, 그러니까 가로세로 50센티미터 길이의 정사각형으로 나누고 훨씬 집중해서 열쇠를 찾을 겁니다. 안타깝게도 우리는 결과를 알고 있습니다. 모두 ×죠. 이제 중요한 순간입니다. 아이가 자신을 믿을 수 있다면, 방안에 열쇠가 없을지 모른다는 생각을 하게 될 겁니다. 용기가 있다면 문을 부수고 밖으로 나갈 수 있다는 뜻입니다. 이것이 '문제 밖으로 나가기'입니다. 밖으로 나갈 용기는 방안에 답이 없다는 확신에서 옵니다. 모든 가능성을 철저히 탐색했기 때문이죠.

제가 사랑하는 물리학자 리처드 파인먼은 이런 이야기를 한 적 있습니다. 파인먼은 학창시절 어려운 적분 문제를 빨리 푸는 것으로 유명했습니다. 친구들은 파인먼이 천재라고 했죠. 훗날 파인먼은 적분 문제를 빨리 풀 수 있었던 비결을 말해줍니다. 어렸을 때 적분표의 공식을 하나씩 풀어보는 것이 취미였다는 거였죠. 즉, 웬만한 문제는 이미 다 풀어봐서 답을 알고 있었던 겁니다. 친구가 적분 문제를 물어보면 답을 이미 알면서도 괜히 생각하는 척 시간을 끌다가 멋지게 답을 구하는 쇼를 한 겁니다.

천재는 질문의 답이 될 수 있는 여러 가지 가능성 가운데 정답을 빨리, 때로는 즉시 정확히 찾는 능력이 있습니다. 천재가 그렇게 할 수 있는 것은 이미 대부분의 가능성을 다 탐색해봤기 때문입니다. 물리 연구를 하며 언제나 느끼는 것은 답이 될 만한 가능성을 모두 조사해야 한다는 거였습니다. 운이 좋아서 단번에 답을 찾을 수도 있습니다. 하지만 그 답을 따라 진행하다보면 인생이 언제나 그렇듯 또다른 문제를 만나게 됩니다. 이 문제는 아까보다 훨씬 어려운 문제로 보입니다. 이 순간 이미 다른 가능성을 모두 탐색하고 온 사람은 다른 길이 없다는 사실을 압니다. 그래서 이 어려운 문제를 풀 준비를 합니다. 하지만 모든 가능성을 탐색하지 않은 사람은 '어라, 아까 잘못된 길로 온 건가?' 하며 이전 문제로 되돌아갈지 모릅니다.

천재는 대부분의 가능성을 미리 탐색해봤다고 했는데, 왜 그랬을까요? 그 천재에게는 탐색하는 일 자체가 재미있기 때문입니다. 사악한 방탈출게임 문제를 다시 생각해 보죠. 어떤 아이가 이런 문제를 쉽게 해결할 수 있을까요?

"방~을~~ 가로세로~~ 1미터로 나누고~~~ 어라, 여긴 없네. 여기도~~~ 없다네~"

콧노래를 부르며 × 표시 하는 것 자체를 즐기는 아이를 당할 재간은 없습니다. 이 아이는 문제를 푸는 것이 아니라 놀이를 하고 있는 것이니까요.

답을 찾기 위해서는 모든 가능성을 탐색해야 합니다. 그러려면 문제와 관련된 내용을 모두 알고 이해함은 물론, 지겹도록 반복되는 고된 작업을 수행해야 합니다. 이런 일을 '노가다'라고 부른다면 그 분야의 노가다를 즐겁게 하는 사람이 천재입니다. 과학의 창의성은 노가다에서 나옵니다.

뭐가 단단히 잘못되었다면
활짝 웃어볼까요

×

채경

즐기는 자는 이길 수 없다는 상욱님의 말씀에 동의합니다. 독이 바짝 올라 기를 쓰고 덤비는데 상대방은 콧노래나 흥얼거리며 급할 것도 없이 무언가를 해나가는 모습을 보면 힘이 쭉 빠지기 마련이죠. '농담도 잘하는' 파인먼이 독창적인 이론물리학자로 여겨지는 것도 그래서일지 모릅니다. 영화 <오펜하이머>에는 그가 봉고를 연주하는 장면이 나옵니다. 알려진 일화대로죠. 봉고 실력이 수준급이라면 처음 배울 때에는 연습깨나 했을 겁니다. 그러나 허구한 날 봉고만 쳤다면 역사에 남는 물리학자가 될 수는 없었을 테니, 봉고뿐 아니라 인생을 늘 그렇게 열정적으로 또 즐기며 살았으리라 짐작해봅니다.

그런데 상욱님의 글 말미에 등장하는 게임을 즐기는 아이가 "어허디~ 보오자~" 하며 혼잣말에 가락을 붙여 흥얼

거리는 장면을 상상하니, 서구 중심으로 모든 게 이루어진 듯한 과학이라는 학문이 갑자기 구수한 우리 것처럼 느껴졌어요. 때로 아이들에게서도 그런 모습을 봅니다. 어떤 물건을 찾을 때 "그흐게에~ 어허디~ 있더라하~~" 하는 꼬마를 보면 어찌나 웃음이 나는지요. 저 곡조는 대체 어디서 왔을까요? 왜 아이들까지 모두가 아는 걸까요? 그걸 가락이라고 할 수는 있을지, 곡조라기보다는 타령 같기도 한데 사실 타령이 우리 음악의 일부이니 곡조가 아니라고는 할 수 없을 텐데, 뭐 그런 생각을 해봅니다.

저는 물건을 자주 잃어버리곤 했어요. 제게 지갑이라는 것은 대개 잃어버린 상태로만 존재하는 물건이었으므로, 마음에 드는 지갑을 발견했을 때 '아직 멀쩡한데 또 사면 낭비일까?' 같은 고민은 할 필요가 없었어요. 생각보다 덥네, 하며 겉옷을 벗어 손에 들거나 가방에 걸쳐두기라도 하면, 그 순간이 옷의 촉감을 느낄 수 있는 마지막이었습니다. 태어난 이래 가장 큰 액수로 받았던 세뱃돈은 봉투째 들고 서점에 가다 길에 흘리는 바람에 한동안 밤잠을 설쳤고, 처음이자 마지막으로 가졌던 값비싼 반지는 제 손에 들어온 지 한 달 반 만에 사라졌습니다. 프랑스에 장기 출장을 갔다가 어느 대학 도서관에 들렀는데, 반지를 빼서 화장실 세면대에 올려놓은 뒤 손을 씻고는 몸도 마음도 가볍게 나와버린 겁니다. 몇 시간 후에야 제 손가락에 아무것도 없다는 걸 깨달았는데, 반지는 이미 다른 차원으로 이동해버린 뒤였습니다. 다녀왔던 화장실을 다시 확인하고, 건물 청소 담당자와 경비원도 만났지만 아무런 성과가 없었어요. 여기는 대학 도서관인데, 프랑스 지성인의 수준이 이 정도냐며 하나 마나 한 탄식 외에는 할 수 있는 게 없었지요. 잃어버린 건 저니까, 손가락에서 반지를 빼고 떡하니 세면대에 올려두고 나온 게 다른 누구도 아닌 저니까 다른 누굴 탓할 수도 없잖아요. 어처구니가 없어서 허탈한 웃음만 나왔습니다.

그날의 반지 원정대는 물건을 잃어버린 당사자인 저와, 프랑스에서 유학중이던 친구 둘로 구성되어 있었습니다. 불어 통역을 위해 동행해준 유학생 친구들이 조금 전 청소 담당자에게 했던 이야기를 건물 관리인에게 재차 설명했습니다. 그들이 구체적으로 어떤 대화를 나누는지는 짐작만 할 뿐이었지만, 경비원 중 하나가 저를 의심쩍은 눈길로 바라보고 있다는 걸 알 수 있었어요. 소중하고 값비싼 물건을 잃어버렸다면서 왜 웃고 있는 거지? 그는 시종일관 미소를 띠고 있는 저를 아주 수상하게 생각했고, 친구들은 제가 웃는 이유를 통역하느라 진땀을 흘리고 있더군요. "쟤가 불어를 못해서 그래. 단지 그뿐이야."

1800년대 말 조선을 방문했던 영국의 여행가 겸 지리학자 이저벨라 버드 비숍은 『조선과 그 이웃나라들』이라는 책에서 이렇게 썼습니다.

조선인이 활짝 웃고 있다면 뭔가 단단히 잘못된 것이다.

조선을 여행중이던 비숍은 어느 날 배를 타고 이동할 예정이었지만 문제가 생겨 당장은 배를 띄울 수 없게 되었습니다. 그 상황을 전하러 온 이는 너무도 난처한 나머지 만면에 웃음을 띠고 있었다고 합니다. 이러한 말의 내용과 행동의 극심한 부조화에 처음에는 혼란스러웠겠지만, 세계 각국을 여행하며 세상에는 다양한 문화가 있음을 몸소 겪어왔던 비숍은 그 사람이 이상한 게 아니라 조선인이 으레 그렇다는 점을 파악했던 모양입니다.

관찰하되 판단하지 않는 것, 그리고 열린 태도로 데이터를 수집한 다음 패턴을 찾아내는 것. 조선인의 웃음을 대하는 비숍의 태도는 과학적이었다고 생각합니다. 그런 태도를 지녔기에 그녀는 단순한 여행가 이상의 존재로 남은 것이죠. 1894년 비숍의 방문으로부터 70여 년 뒤 우리를 관찰한 또다른 기록으로 폴 크레인의 『Korean Patterns(한국의 방식들)』라는 책이 있습니다. 〈알쓸별잡〉 촬영차 들렀던 미국 뉴욕의 한 헌책방에서 이 책을 발견했어요. 1장은 한국에 관한 전반적인 소개이고, 뒤이어 본격적으로 내용이 전개되는 2장의 제목은 'The Importance of Kibun(기분의 중요성)'입니다. 한국인에게 기분이란 내면의 감정, 체면, 사람으로서 인정받고 있다는 인식, 주변 사람들에게 받는 존중 등이 복합된 것이며, 기분이 심리 상태는 물론 신체의 기능까지도 크게 좌우한다고 적었습니다. 어쩌면 우리의 가장 흔한 인사, '안녕하세요' '안녕히 가세요' '안녕히 계세요'는 몸뿐 아니라 마음의 평안을, '기부니'가 좋으시기를 바란다는 뜻일지도 모릅니다. 때로는 타인의 시선으로 나를 볼 필요가 있습니다.

물건을 잘 잃어버리곤 했다고 과거형으로 적은 건, 요즘은 좀 달라졌기 때문입니다. 오랜 관찰 끝에 어떤 상황에서 주로 어떤 물건을 잃어버리는지 파악했습니다. 그리고 받아들였습니다. 제가 툭하면 뭘 잃어버리는 인간이라는 점을요. 괜찮습니다. 재발방지 대책을 세웠으니까요. 이걸 저기에 두면 틀림없이 잃어버릴 거야, 하고는 가방 속 정해진 자리에 물건을 둡니다. 주머니에 넣었거나 손에 들었다면 자주 확인합니다. 카페에서 일어날 때 뭘 흘리지 않았는지 뒤를 돌아봅니다. 사실 아무리 그래도 잃어버리기는 합니다. 그래도 괜찮습니다. 사고대처 방침도 수립했으니까요. 없어졌다는 것을 안 순간 포기하거나 주저하지 않고 찾으러 갑니다. 방금 들어갔던 화장실의 모든 문을 열어보고, 화장실까지 가는 길도 꼼꼼하게 두리번거려봅니다. 혹시 못 보셨냐고 주저 없이 물어도 봅니다. '파워 내향인'에게 내재된, 완벽한 타인에게 말을 걸 때의 본질적인 두려움도 그때만큼은 잠시 돌파할 수 있는 '기분'이 됩니다. 특유의 웃음을 지으며 타령을 부르면 다 해결할 수 있습니다.

"그흐럼 그렇지~~ 또 어디다가아 두고오 왔을까하~~~ 어허디~~ 보오자아~~~ 어디로오 가볼까나?"

인쇄술의 신이시여, 감사합니다

×

상욱

흥얼거리며 즐기는 태도에 대해 이야기하셨죠. 그 이야기를 읽고 제가 가장 즐기는 것이 무엇인가 생각해봤습니다. 사실 1초도 생각할 필요 없는 질문입니다. 답은 독서이니까요. 즐긴다는 말이 적절치 않을 수도 있습니다. 저는 저를 책 중독자, 혹은 활자 중독자라고 생각합니다. 가족과 외식하러 집을 나설 때는 말할 것도 없고, 집 앞 슈퍼에 물건을 사러 갈 때조차 책을 들고 갑니다. 아무 하는 일 없이 5분 이상의 시간이 주어졌는데 손에 책이 없다? 가장 견디기 힘든 상황입니다.

제 가방에는 항상 책이 있습니다. 읽고 있는 책이 너무 재미있으면 한 권만 가져가지만, 두세 권을 가지고 다니는 경우도 종종 있죠. 아직 초반이라 책 내용에 몰입하지 못했거나, 책을 거의 다 읽어서 곧 끝날 것 같거나, 아주 재미

있는 것은 아니지만 그래도 끝까지 읽겠다는 생각이 드는 등의 경우에 만약을 위해 여분의 책을 가져가는 겁니다. 그날 일정상 장시간 독서가 가능할 것 같을 때도 책을 여러 권 챙깁니다. 하지만 안타깝게도 한 권만 펼쳐보고 나머지는 그대로 가져오는 경우가 대부분입니다. 그래도 읽던 책을 다 읽어버리거나, 책이 재미없어 다른 책을 원하게 되는 위기를 모른 체할 수는 없잖아요.

저는 주로 지하철로 이동합니다. 자동차 운전을 즐기지도 않지만, 경기 남부에 살다보니 서울을 오갈 때 교통체증이 심하기 때문입니다. 외출하면 적어도 1시간 이상 지하철을 타야 하니까 책 읽기에 적격입니다. 버스는 차체가 흔들려 책을 읽으면 어지럽더라고요. 장거리는 대개 지하철로 목적지 최근방까지 이동하고, 최종적으로 걷거나 버스 혹은 택시를 탑니다. 이 가운데 책을 읽을 수 있는 곳은 지하철뿐이라 이동식 독서실로 사용합니다. 지하철에서는 저의 의식을 주변과 분리시켜 책에만 몰두하는 습관이 몸에 배었답니다. 채경님이 같은 지하철 칸에 있어도 모를 수 있으니 너무 서운하게 생각하지 마세요. 단지 책을 읽고 있는 중이니까요.

지하철 독서 최대의 적은 러시아워의 인파입니다. 이 시간대엔 이동을 최대한 피해보려고 하지만 부득이 출퇴근 시간 지하철을 타는 경우가 있습니다. 책을 펼 공간마저 확보되지 않으면 큰 낭패가 아닐 수 없죠. 대부분 사람들은 휴대폰을 봅니다. 휴대폰은 더 작은 공간에서도 볼 수 있거든요. 그래서 사람들이 그렇게 붐비는 출퇴근길을 참고 견디는지도 모릅니다. 사람들이 휴대폰보다 책을 더 많이 본다면 더 넓은 공간을 요구하게 될 것이고, 결국 지하철 인파도 조금은 줄어들지 않을까요?

저는 빨간 볼펜으로 밑줄을 그으며 책을 봅니다. 0.38밀리미터 빨간 볼펜이 없으면 책이 없는 것만큼이나 불행해집니다. 간신히 책을 읽을 수 있을 만큼 북적이는 지하철에서 빨간 볼펜으로 밑줄까지 그으려면 많은 노력이 필요합니다. 볼펜은 뾰족한 도구라 다른 사람에게 위험할 수도 있어서 손바닥으로 볼펜을 감싸고 있는 것은 기본이죠. 제가 쓰는 볼펜은 버튼식이 아니라 뚜껑이 달려 있어 열어두고 사용하거든요. 지하철이 혼잡해서 책은 읽을 수 있지만 밑줄까지 긋기 힘들 때는 줄 칠 곳을 기억해두었다가 지하철에서 내리자마자 한꺼번에 몰아서 밑줄을 칩니다. 저도 제가 왜 이렇게 사는지 모르겠습니다.

    지하철에서 책을 읽을 수 있는 것은 금속활자 인쇄술의 발명 덕분이라고 하더군요. 인쇄술이 보편화되기 전 필사본은 너무나 귀한 것이라 개인이 소유하기 힘들었고, 크기가 커서 휴대하기도 쉽지 않았습니다. 손으로 쓴 글을 빨리 읽기는 어렵기에, 인쇄술 시대 이후에나 속독이 보편화됩니다. 더구나 필사 문화에서 책은 하나의 사물이라기보다 이야기하는 방식의 일종으로 간주되었다고 합니다. 필사본에는 제목 페이지가 대개 없고, 보통 'incipit(시작)'이나 '서두의 말', 즉 "친애하는 독자여"와 같이 시작하는 경우가 많았는데, 이는 구술 문화의 유산이라고 볼 수 있습니다. 그러니까, 책은 아직 물건이 아니었던 것이죠.

    인쇄술이 보편화되자 휴대 가능한 종이책이 대량으로 보급됩니다. 인쇄된 책은 손으로 쓰기 힘든 작은 글씨로 제작 가능했죠. 제목 페이지는 구술 시대에 거의 존재하지 않다가 인쇄와 함께 나타납니다. 인쇄술 초기에는 제목 페이지에도 여전히 구술의 흔적이 있었답니다. 1534년 출판

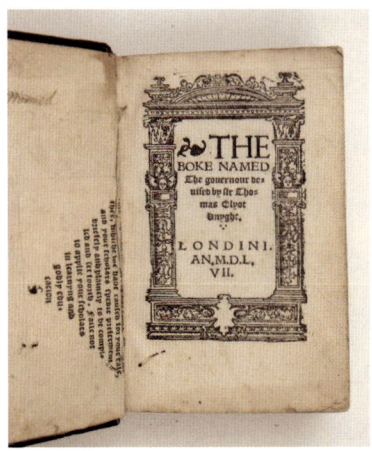

『*The Boke Named the Governour*(통치자의 책)』
(1534)

된 토머스 엘리엇의 책 『*The Boke Named the Governour* (통치자의 책)』의 제목 페이지를 보면 제목을 이루는 글자들의 크기가 제멋대로고, 저자 이름이 하이픈으로 쪼개져서 줄을 바꿔 쓰여 있기까지 합니다. 아직 글을 시각적으로 느끼지 못하고 있다는 증거입니다. 하지만 이제 적어도 책은 사물이 된 것입니다. 이렇게 책은 개인의 소유물이 되었고 사람들은 자신만의 공간에서 책을 빨리 혼자 조용히 읽을 수 있게 되었습니다. 묵독默讀, 그러니까 소리 내지 않고 눈으로만 책을 읽는 방법이 널리 퍼진 것은 인쇄술의 결과랍니다. 제가 지하철에서 조용히 책을 읽을 수 있는 이유이죠.

인쇄술의 핵심이 되는 (서양의) 금속활자 발명에 대한 뒷이야기를 아시나요? 1439년 엑스라샤펠(아헨)에서는 성유물을 공개하는 중요한 종교 행사가 열릴 예정이었습니다. 성유물을 보는 것만으로도 모든 죄를 사면받았기에, 약 10만 명에 달하는 순례자들이 몰려들었습니다. 이쯤 되면 성유물을 먼발치에서 보는 것도 불가능했을 겁니다. 여기서 흔한 상술이 등장합니다. 주석으로 만든 거울을 높이 치켜들면 성유물에서 나오는 (죄를 사면해줄) 빛을 포착할 수 있다는 소문이 돈 겁니다. 금속 세공 기술자 요하네스 겐스플라이슈는 엑스라샤펠 행사를 위한 주석 거울을 만들겠다며 투자자를 모집합니다. 하지만 전염병이 돌자 행사는 취소됩니다. 겐스플라이슈는 투자자들을 달래기 위해 새로운 사업을 기획해야 했습니다. 바로 금속활자 인쇄술이죠. 겐스플라이슈가 살던 지역이 구텐베르크였고, 사람들은 때로 그를 요하네스 구텐베르크라고도 불렀습니다. 서양의 금속활자는 처음부터 상업적인 용도로 개발된 것이죠.

인쇄술이 널리 보급되기 전 책은 필사 형태로 제작되었습니다. 중세 유럽 수도원은 필사를 통해 책을 제작하는 출판사라고 할 수 있었죠. 필사는 고대에 노예들이 하는 일이었는데, 중세 수도원에서는 수도사들이 수행할 수 있는 육체노동의 하나였다고 하네요. 필사 작업은 낮에만 했는데, 화재에 대한 공포 때문에 촛불을 사용할 수 없어서 그랬다고 합니다. 필사하는 공간에서는 절대 침묵을 지켜야 해서 사서와 소통을 할 때 사용하는 정교한 몸짓언어가 있었답니다. 돌로 만든 육중한 성당의 작은 창으로 쏟아지는 그윽한 빛, 사각사각 글 써내려가는 소음과 은은한 기침 소리, 침묵 속에 몸짓으로 대화하는 수도사들의 모습이 눈앞에 그려지는 듯합니다.

하루종일 인간복사기가 되어 한 글자, 한 글자 써내려가는 일도 쉽지 않았겠지만, 양피지를 다듬는 것도 고된 작업이었을 겁니다. 아직 종이가 보급되기 전이라 주로 소, 양, 염소 같은 동물의 가죽으로 책을 만들었는데, 가죽의 잔털을 제거하는 일은 보통이 아니었다고 하네요. 더구나 잉크의 질도 좋지 않았다고 하니, 괜히 수도사의 수행이었던 것이 아니겠죠. 필기구의 상태에 따라 하루 작업량에 큰 차이가 있었다고 합니다. 그래서 필기구를 나누어주는 사서의 권력이 컸답니다. 지금은 필기구가 말썽을 일으키는 경우가 많지 않은데, 저는 초등학생 때 시험 보다가 샤

프가 고장난 적이 있었습니다. 시험 치다 말고 샤프를 분리해서 고쳐야 했죠. 다행히 금방 해결했지만, 잠시 미치는 줄 알았습니다. 암튼 한 필사가가 남긴 푸념을 보시죠. "잉크는 뻑뻑하고 양피지는 질이 나쁘고 문헌은 어려우니…… 자비로운 신이시여, 이제 곧 어두워지겠지요." 워드프로세서로 글을 쓰고 온라인으로 책을 주문해서 보는 저희는 복 받은 겁니다. 인쇄술의 신이시여, 감사합니다.

필사 시대를 배경으로 한 『1417년, 근대의 탄생』이라는 책을 소개해드리고 싶네요. 1417년이면 1439년 엑스라샤펠 종교 행사에서 구텐베르크가 거울을 제작, 판매할 기획을 하기 이전입니다. 이 책은 책 사냥꾼에 대한 책입니다. 책 사냥꾼이 뭘까요? 수도원은 희귀한 고대 문헌들을 수집하기도 했습니다. 그중에는 불온서적도 포함되어 있었겠죠. 이런 책들은 수집되어도 사라져버릴 위험이 있습니다. 르네상스시대의 일부 지식인들은 이런 희귀한 서적을 구하길 원했고, 책 사냥꾼이 바로 이 임무를 수행했습니다. 1417년 책 사냥꾼 포조가 찾아낸 책은 고대 로마의 철학자 루크레티우스가 쓴 『사물의 본성에 관하여』였습니다. 이 책은 데모크리토스의 원자론을 설명하면서 이 세상은 단지 원자들의 움직임과 그들의 이합집산으로 되어 있을 뿐 인간이 생각하는 의미 따위는 없다고 주장합니다. 근대과학의 철학을 담은 책이라고 할 수 있을 겁니다. 제가 책을 좋아해서 그런지 목숨걸고 책을 찾는 여정이 <인디아나 존스>의 모험담같이 흥미롭더군요. 이 책의 사본이 피렌체에 있다고 해서, <알쓸신잡 3>에서 제가 직접 방문하여 책을 만져보기도 했습니다. 뭐, 그냥 책이었죠.

채경님도 저 못지않은 독서가로 알고 있습니다. 그래서 책 사랑에 대한 많은 사연이 있으실 것도 같네요. 책을 사랑하는 사람과 이야기를 나누는 것은 언제나 즐겁습니다. 책 만세! 인쇄술 만세!

파본을 부르는 손

×

채경

맞습니다. 뭐라도 읽고 있는 활자 중독자로서 인쇄술의 등장과 발전에 그저 감사할 뿐이에요. 책이 없었다면 제 인생은 지금과 완전히 달랐을 겁니다. 활자를 읽어내는 것 너머에는 수많은 선물이 있어요. 상상하는 것, 생각하는 것, 현실에서는 결코 접할 수 없을 완전히 다른 세계에서 일어나는 일들을 만나는 것, 타인의 입장에 처해보는 경험, 반대로 현실에서 아무도 알아주지 않던 나의 마음을 소설 속 등장인물에게 깊이 공감받을 때 생기는 치유의 힘, 긴 시를 수없이 여러 번 적어가며 외워냈을 때의 희열과 그렇게 생겨난 단 한 편의 시에 대한 애착, 까마득히 잊고 있었던 아주 오래전 읽었던 책과 재회했을 때의 반가움, 지독하게도 지루한 텍스트를 어찌 됐든 계속해서 읽어나가는 끈기, 때로는 한 문장을 스무 번씩 다시 읽어도 도

저히 이해할 수 없을 때의 좌절감 같은 것들이죠. 그 모든 선물은 책에서 왔습니다.

저는 책을 좋아하지만, 책도 저를 좋아하는지는 잘 모르겠습니다. 제 손에 들어오는 책은 유독 파본이 많아요. 서점에서 꼼꼼히 잘 확인했어야 하는데 책 고르는 데에 급급해서 모서리가 찍혀 있거나 표지 한쪽이 접혀 있는 것, 한쪽에 오염이 있는 것을 잘 눈치채지 못하고 사들고 오기 일쑤입니다. 새 책이라는 물건의 상태를 예민하게 살피는 분들은 일찌감치 멀쩡한 걸로 바꾸거나 애초에 매대에 남겨놓았을 책을 저는 잘도 골라 옵니다. 꼭 집에 돌아온 뒤에 발견하기 때문에 교환하러 갈 수도 없죠.

어느 독립서점에서 하는 파본 전시회에 가본 적이 있습니다. 저라면 그냥 구매했을 책들이 파본이라는 이름으로 전시되고 있더군요. 아주 작은 서점의 한쪽 벽 코너만을 차지하는 소박한 전시였어요. 특별히 파본 컬렉션을 했다기보다는 그 서점에서 파는 책들 중 상태가 좋지 않은 것을 조금 할인해서 팔고 있었습니다. 그렇게라도 해서 책이 주인을 만난다는 것은 좋은 일이지만, 저는 그런 것을 파본이라고 부르지 않습니다.

파본이란 무릇, 종이 한쪽 귀퉁이가 접힌 채로 절단되어 펼쳐보면 흡사 작은 나비가 책에 날아와 앉아 있는 듯한 모양새로 책에 우아함을 더해야 합니다. 종이 두 장의 끝이 일부 연결되어 있어서 칼로 조심스럽게 그리고 완벽하게 잘라냈을 때의 짜릿함이 있어야 합니다. 인쇄가 누락되었거나 도저히 활자를 구분할 수 없을 만큼 인쇄가 잘못되어 그 안에 있었을 내용을 더욱 신비롭게 하는 그런 책이라야 진정한 파본이라고 할 수 있습니다. 그런 파본을 만난 적이 있으신가요? 출판사 편집자로 오래 일해온 분께 여쭤봤더니 파본을 별로 본 적이 없다고 하시더군요. 저보다 훨씬 많은 책들을 접하셨을 텐데 말입니다.

제가 유독 그렇다는 걸 자각한 것은 인터넷 서점이 막 등장했던 시기입니다. 주문했던 전자기학 교재를 받아보니, 목차와 서론 중간중간 대여섯 장이 한쪽만 백지였습니다. 참 별일이죠. 서점에서 유독 파본을 자주 골라잡는 것은 분명 저 맞는데요, 이 책을 집어 택배로 보내준 사람은 제가 아니지 않습니까? 이야, 이게 온라인 주문을 해도 이렇게 되는구나 생각했어요. 서점에 문의했더니 당연히 책을 바꿔주겠다고 했지만 영 번거롭고 여러 날 소요되는 게 싫어 사양했습니다. 대신 해당 페이지들을 복사해서 보내달라고 했죠. 이상한 고객이라고 생각했을지도 모르겠지만 서점 직원은 친절하게 제 요청을 받아줬습니다. 그런데 받아보니, 원본보다 큰 A4용지에 확대 복사가 되었더군요. 종이 재질도 당연히 달랐고요. 책에 그대로 붙일 수가 없으니 대충 오려서 얼기설기 붙여보았습니다. 저는 공예에는 별로 주의를 기울이지 않는 편이라는 점을 말씀드리고 나면, 그 책이 참 보기가 좋았으리라(!) 짐작하실 수 있을 겁니다.

비슷한 기억들이 자꾸 떠오르네요. 추천사에 대한 보답으로 출판사에서 보내주신 책 어느 페이지는 종이 검수가 제대로 안 되었던지 커다란 잡티가 종이에 박혀 있었고요, 지인께서 출간했다며 보내주신 책에는 여러 쪽의 도판과 글이 겹쳐서 인쇄되어 있기도 했습니다. 저는 개의치 않는 편이지만 갓 출판된 소중한 책에는 중요한 문제이기 때문에, 인쇄 상태 모니터링 차원에서 굳이 알려드렸습니다. 어디 남이 만든 책뿐이겠습니까? 박사학위 졸업 논문을 자연대 건물 1층의 인쇄소에 맡겨 인쇄, 제본했습니다. 찾으러 가서 책장을 휘리릭 넘기다보니 한 장이 누락됐더군요. 9쪽 다음에 11쪽이었던가, 그랬습니다. 전량이 다 같은 현상이어서 조치를 부탁하고 빈손으로 돌아나오는데, 무거울까봐 동행해줬던 친구가 묻더군요. 일번, 그냥 쓱쓱 넘겨보는 거 같더니 그걸 어떻게 찾아낸 거야? 이번, 너는 왜 당황하지도 않고 덤덤한 거야? 박사학위 논문 인쇄본이 파본인 것보다 친구가 놀라는 게 더 재밌었어요.

〈알쓸인잡〉 촬영할 때 제가 가끔 들고 다녔던 진녹색 양장 수첩은 칼럼을 연재했던 신문사에서 정기구독자에게 보내는 기념품이 남았다며 보내준 것입니다. 그런데 그 수첩, 표지와 내지의 위아래가 반대였어요. 표지를 붙일 때 실수한 거죠. 저는 그 수첩을 꽤 오래, 알차게 사용했습니다. 손때가 묻도록 들고 다니는 동안, 수첩을 펼칠 때마다 행복했어요. 소량 제작하는 기념품은 그 자체로도 한정판이지만, 표지가 거꾸로 제본된 수첩이라면 그야말로 한정판 중에서도 월등히 희귀한 놈이죠. 진짜 구하기 힘든 특별한 수첩이라는 점이 마음에 들었어요. 고루한 개념을 뒤집어버리는 아이디어를 만날 것만 같은 기분도 들었습니다.

파본은 대개 인쇄와 유통 과정에서 일어난 문제입니다. 파본은 아니지만 오탈자가 있는 책도 특별합니다. 어니스트 헤밍웨이의 1926년 작품 『태양은 다시 떠오른다』의 초판 181쪽에는 "stopped"라는 구문이 "stoppped"로 잘못 기재되었다고 합니다. 출간을 준비하는 과정에서 작가도, 출판사도, 미처 잡아내지 못한 거죠. 이후에는 정정되었는데, 그래서 희귀품이 된 이 초판본은 본래 책값의 수천 배, 수만 배 가격에 거래된다고 합니다. 책의 특별함을 표현하는 방법으로 거래가가 얼마인지를 말한다는 게 누구에게인지는 모르게 송구한 마음이 듭니다. 10만 프랑짜리라고 말하기 전까지는 장미꽃이 피어 있는 예쁜 벽돌집의 멋짐을 깨닫지 못하는 『어린왕자』 속 어른이 된 기분이네요.

헤밍웨이 작품에 오기가 있으면 귀한 문화유산으로 여겨집니다만, 교과서의 오탈자라면 얘기는 좀 다를 겁니다. 예를 들어 대학 때 간혹 강의계획서 참고문헌에 적혀 있던 '베빙턴Bevington 책'이 있습니다. 표준편차 구하기, 오차 전파하기 등을 가르치는 에러(오차) 분석 교재로, 대표 저자의 이름을 따서 그렇게 부르죠. 문제는 에러를 가르치는 이 책에도 에러가 있다는 겁니다. 예측하실 수 있겠지만, 혹은 상욱님도 교수라는 직업을 갖기 이전 학생이었을 때 겪으셨을지 모르겠지만, 교수님들은 책 속 공식에 틀린 게 좀 있다고만 하시고 정확히 어딘지는 알려주시지 않죠. 이공계 교과서 속 공식의 오타는 학생들을 한숨짓게 합니다.

책의 오류는 중쇄에서 바로잡을 수 있지만, 논문의 출판은 한 번뿐입니다. 그런데 우리가 연구를 하는 것은 인류의 지식을 함께 체계적으로 쌓아올리는 것이라서 누가 한번 잘못된 벽돌을 놓으면 그 위에 쌓는 모든 벽돌이 흔들릴 수 있죠. 그래서 논문의 오류는 책에서처럼 슬쩍 바로잡지 못합니다. 논문에 잘못된 것이 있었음을 알리는 정정공지Erratum를 다시 한번 발행합니다. 단순한 실수라면 수주 만에 정정하지만, 드물게는 수 년 뒤에야 정정되는 경우도 있습니다. 저자 입장에서는 인정하고 싶지 않았지만 본인이 잘못했다는 것을 수용하고, 알리고, 기록에 남기는 거죠. 동료 연구자들과 후학들에게 잘못된 정보를 제공하지 않기 위해서, 본인의 치명적인 실수를 스스로 지적하는 그런 정정공지에는 저자의 당혹감이 배어 있을 뿐만 아니라, 어떤 숭고함 같은 것도 느껴집니다.

필사의 시대, 목판과 금속활자의 시대를 지나 이제 디지털 인쇄의 시대를 살고 있습니다. 과거 출판물의 오자 연구는 출판사史적 흐름 및 기술적 진보의 지표로 활용할 수 있을 겁니다. 그런데 기술의 진보에도 불구하고 책을 만드는 데 드는 품은 줄어들지 않는 것 같습니다. 하나의 책을 여러 권으로 만드는 것은 쉬워졌지만, 대신에 엄청나게 많은 책을 만들어내고 있으니까요. 그러다보니 파본이 나올 경우의 수도 줄어들 수는 없는 게 아닐까 생각합니다.

어쩌면 저는 파본을 만날 때마다 책에 대한 애정을 더 키워갔는지도 모릅니다. 가끔은 책을 사들고 돌아오는 길에 설렙니다. 혹시 또 파본을 만나게 될까 하면서요. 지금 이 책은 어떨까요?

No.

흑백 필경사
−문체 계급 전쟁

×

상욱

제가 쓰는 글의 문장은 대개 짧습니다. 과학 글쓰기에서는 의미를 정확히 전달하는 것이 중요하기 때문에 보통 짧고 명료하게 쓰죠. 주로 논문이나 보고서를 쓰던 습관 때문에 짧은 문장이 몸에 밴 것인지 모릅니다. 채경님의 문장도 대체로 짧지만, 저보다는 긴 문장을 효율적으로 사용하시는 것 같습니다. 특히 특정 사건이나 장면에 몸을 밀착하여 묘사할 때 긴 문장이 주는 감칠맛이 일품입니다. 그래서 이번 글은 '흑黑'을 소재로 긴 문장, '백白'을 소재로 짧은 문장 중심의 글을 써볼까 합니다. 이름하여 흑. 백. 필. 경. 사. 문. 체. 계. 급. 전. 쟁! 두둥!

흐으윽黑

어둠은 빛이 없는 것입니다. 있다는 것은 적어도 있는 무언가의 증거가 존재하는 것이므로 그 증거를 기술하는 것으로 충분하지만, 없다는 것은 그 자체로 기술할 대상조차 존재하지 않는 것이어서 그것이 존재했다면 함께 있었을 배경이 유일한 기술의 대상이 됩니다. 미움은 사랑이 없는 것이 아닙니다. 오래된 연인 사이에 더이상 사랑이 남아 있지 않다고 해도 여전히 우정 비슷한 것은 남아 있을지 모르는 것이고, 서로 미워하기보다 서로에 대한 끌림이 멈추어버린 것에 가까운 것이죠. 빛은 모든 종류의 공간에 존재할 수 있으므로 그것의 부재로 생겨난 어둠 역시, 공간의 특성에 따라 여러 가지 색과 의미를 가질 수 있습니다.

한밤중에 방안 책상에서 스탠드 조명을 밝힌 채 혼자 글을 쓰는 동안 의도치 않게 어둠을 만끽하게 됩니다. 어둠에도 색이 있는데, 책상에서 멀리 있어 빛이 조금만 스쳐 지나간 맞은편 벽의 어둠은 안개 낀 숲속을 혼자 걷는 듯 불길한 느낌을 주고, 잠시 후 제 피곤을 대신 짊어질 침대 밑에 도사린 어둠은 빛을 꿀꺽 삼키고 시치미떼고 있는 블랙홀을 연상시키며, 제 몸이 스탠드 조명을 가려 생겨난 그림자로 인한 어둠은 제 눈길을 피하려는 듯 쳐다볼 때마다 이리저리 모습을 바꿉니다. 뜨거운 칼이 버터를 가르듯 자그마한 빛이 어둠을 저미고, 빛이 비껴간 자리마다 생존한 어둠의 입자들이 안도하여 재잘거리며 피어오르는데, 밝은 빛 아래서 빛을 실체로 느낀 적 없으나 어둠이 충만한 곳에서 어둠은 꽤 단단한 실체가 됩니다. 빛과 어둠, 어느 것이 실체일까요?

빛은 어둠이 없는 것입니다. 빅뱅으로 우주가 탄생한 후 38만 년이 지나서야 빛이 처음 등장하여 세상을 가득 채웠으나, 우주가 팽창을 거듭함에 따라 빛은 점차 묽어지고 어둠이 우주를 장악했습니다. 지금 어둠은 우주를 속속들이 채우고 있으며, 어둠이 없는 미세한 빈틈으로 가녀린 별빛이 외로이 질주합니다. 주위에 빛이 충만하다고 느낀다면 우리가 단지 태양이라는 보잘것없는 작은 별 가까이에 위치하기 때문이며, 태양을 무시하면 우주는 어둠으로 충만하다고 할 수 있죠. 우주를 본다는 것은 별이나 빛이 아니라 거대한 빈 공간과 완벽한 어둠을 보는 것이고, 이렇게 우주는 존재보다 부재로 가득합니다.

부재는 존재보다 미묘한데, 무언가를 무언가의 부재로

정의한다는 것은 때로 심오한 의미를 가지기 때문입니다. 유클리드의 『기하학 원론』은 제목 그대로 기하학에 대한 책으로, 기하학이 다루는 모든 도형 가운데 가장 기본이 되는 '점點'의 정의로 시작합니다. "점은 부분이 없는 것이다." 부분이 없다는 것이 무슨 뜻인지 언뜻 이해하기 쉽지 않은데, 부분이 없다면 크기조차 말할 수 없기 때문입니다. 크기가 백만분의 일 센티미터라고 말하는 순간, 천만분의 일 센티미터 크기의 부분을 생각할 수 있으니 이 때문에 점은 크기를 말할 수 없을 만큼 작지만 크기가 0은 아니라는 특별한 성질을 갖게 되죠. 결국, 점의 크기는 0보다 크지만 무한히 0에 접근하면서 결코 0에 닿지는 않는 그런 크기가 되는 것이니, 훗날 '극한'이라는 개념이 나온 이후에야 점의 의미를 제대로 이해할 수 있게 됩니다. 마찬가지로 빛이 어둠의 부재로 정의될 때 우주에서 어둠이 갖는 가치를 제대로 이해할 수 있는 것이 아닐까요?

모든 위대한 장인들의 작품은 색채 안에서 시간 너머 깊은 어둠을 찾는다는 『내 이름은 빨강』속 오르한 파묵의 글처럼 말입니다.

백白

흰빛은 모든 색을 품고 있습니다. 뉴턴은 흰빛을 프리즘에 통과시켜 무지개색으로 분리했습니다. 이때 빨간빛만 따로 뽑아서 프리즘을 통과시키면 빨간빛만 나옵니다. "내 이름은 빨강"이라고 말이라도 하듯이요. 이처럼 색의 분리는 한 번만 일어납니다. 이번엔 렌즈를 이용해 무지개색으로 분리된 빛을 모아 프리즘을 다시 통과시킵니다. 그러면 원래의 흰빛으로 되돌아가죠. 백색광白色光이라 불리는 흰빛은 무지개색을 모두 포함하고 있었던 것입니다. 흰색은 희지 않습니다. 흰빛은 자신이 닿은 물체가 원하는 어떤 색이건 제공할 능력을 가지고 있습니다.

흰색은 빈 공간의 색이기도 합니다. '전자'는 원자 주위를 돌고 있는 작은 입자입니다. 사실 세상은 전자로 빈틈없이 가득차 있습니다. 그런데 왜 주위를 둘러봐도 전자가 보이지 않을까요? 물리학은 세상이 무언가로 빈틈없이 가득하면 그것은 존재하지 않는 것과 같다고 말합니다. 물고기는 주변을 가득 채우고 있는 물의 존재를 알기 힘듭니다. 공기 방울, 그러니까 물의 부재가 생기면 비로소 그 존재를 간접적으로 인식하게 됩니다. 전자의 부재로 생긴 빈 공간은 '양전자'라는 새로운 입자가 됩니다. 양전자는 반물질反物質의 하나입니다. 이렇게 빈 공간은 그 자체로 실체가 됩니다. 흰빛의 본질은 색으로 빈틈없이 가득한 것입니다. 따라서 흰 캔버스는 '색의 부재'이자 '그림의 부재'라고 할 수 있습니다. 화가는 흰색의 부재로 색을 만듭니다. 화가는 흰 공간의 부재로 그림을 만듭니다. 이렇게 부재는 실체가 됩니다.

현대 추상미술작품은 종종 이해하기 어렵습니다. 그래도 많은 사람들이 그냥 그러려니 생각합니다. 그러나 칸딘스키는 남들이 이해 못하겠다고 투덜대는 자신의 그림에 대해 설명해야 했습니다. 추상화의 창시자였으니까요. 그래서 1911년 『예술에서의 정신적인 것에 대하여』라는 책을 출간합니다. 본디 화가는 세상에 존재하는 사물을 캔버스에 그려 자신의 생각을 표현해왔습니다. 칸딘스키는 반드시 그럴 필요가 없다고 생각했죠. 형태와 색은 문자와 같이 그 자체로 의미를 갖기 때문입니다. 뾰족한 선은 긴장감을 일으키고 노란색은 따뜻한 느낌을 줍니다. 사물을 모사하지 않아도 형태와 색을 문자처럼 사용하여 작가의 생각을 표현할 수 있다는 거죠.

칸딘스키는 흰색에 대해 이렇게 말했습니다. 죽은 것이 아닌 가능성으로 차 있는 침묵이라고요. 흰색은 시작하기 전의 무無요, 태어나기 전의 무無라고도 했습니다. 칸딘스키는 물리학의 혁명이 일어나던 20세기 초에 활동했습니다. 당연히 과학기술의 영향을 많이 받았죠. "원자의 분열은 나의 정신에서 전 세계가 허물어지는 것과도 같았다. 갑자기 단단한 장벽이 허물어졌다"며 양자역학이 야기한 과학혁명에 흥분했던 사람입니다. 그에게 흰색은 모든 색을 품은 가능성이자 '백색소음'의 침묵이었습니다.

백색소음white noise은 소음의 일종입니다. 소리는 '진동수'에 따라 음의 높낮이가 바뀝니다. 진동수란 1초 동안 소리의 파동이 진동하는 횟수입니다. '도레미파솔라시도'는 각각 진동수가 다른 음들입니다. 모든 진동수의 소리가 한꺼번에 울린다면 그야말로 진정한 의미의 소음이 될 겁니다. 이것을 백색소음이라고 합니다. 앞서 빛을 '백색광'이라고 부를 때 정확히 같은 의미로 사용한 것입니다. 왜냐하면 백색광은 모든 색을 가진 빛이고, 색은 빛의 진동수가 결정하기 때문입니다.

침묵과 무음無音은 다릅니다. 침묵 안에는 백색소음이 담겨 있습니다. 벽을 흡음재로 감싸 소리를 완전히 제거하는 무향실에 들어가보셨나요? 완벽한 무음은 사람을 불안하게 만듭니다. 대부분의 인간은 일상에서 무음의 상태에 놓여본 적이 없기 때문입니다. 고요한 장소에서 귀기울이고 있으면 설명하기 힘든 미세한 소리가 들립니다. 이 미세한 배경음이 백색소음입니다. 우리는 이런 소음 속에서 편안함을 느끼죠. 침묵은 흰색의 소음과 관련 있습니다. 한강 작가는 『흰』(문학동네, 2025)에서 하얀 조약돌을 보면서 이렇게 말합니다. **침묵을 가장 작고 단단한 사물로 응축시킬 수 있다면 그런 감촉일 거라고 생각했다**(83쪽). 침묵의 감촉이 희다는 뜻일까요?

'백'은 '하얀'과 '흰'으로 표현될 수 있지만, 이 둘은 같지 않습니다. **솜사탕처럼 깨끗하기만 한 '하얀'과 달리 '흰'에**

는 삶과 죽음이 소슬하게 함께 배어 있(174쪽)**기 때문입니다**. 죽은 사람의 육체는 대개 흰 천으로 덮습니다. 유령도 종종 흰 천을 뒤집어쓰고 등장합니다. 흰색은 죽음을 의미합니다. 고통은 죽음의 가족이죠. 그래서인지, 고통에 색이 있다면 흰색이 아닐까 생각합니다. 저는 어린 시절 건강이 좋지 않았습니다. 고열로 고생하는 동안 세상이 하얗게 보이던 기억이 납니다. 이럴 때면 **시간의 감각이 날카로워지죠. 통증을 견디는 동안, 한 방울씩 떨어져내리는 시간은 면도날을 뭉쳐 만든 구슬들 같**(11쪽)**습니다**.

이제 '백' 이야기를 정리하겠습니다. 사실 '백' 이야기를 **깔끔하게 마무리할 생각은 처음부터 없었**(14쪽)**습니다**. 눈치채셨겠지만 이 글에는 한강의 『흰』에서 가져온 문장들이 있습니다. 볼드체로 나타냈습니다. '백'을 소재로 한 글에 『흰』을 섞어주면 흰 얼룩이 생기지 않을까 기대했습니다. **얼룩이 지더라도 흰 얼룩이 더러운 얼룩보단**(14쪽) 나을 테니까요. 얼룩은 불완전한 흰색일 수도, 부주의한 검정일 수도 있습니다. 빛이 어둠이 없는 것일 수도, 색으로 충만한 것일 수도 있는 것처럼 말이죠.

'흑백 필경사'의 우승자가 **무대에 오른 순간, 강한 조명이 천장에서부터 쏘아져내려와** 우승자를 비춥니다. 그러자 **무대를 제외한 모든 공간이 검은 바다가 되었**습니다(91쪽). 우승자는 빛과 어둠 가운데 누구일까요? 이번 경연을 통해 제가 얻은 교훈은 단문이 제 스타일이라는 것입니다. 예상했던 대로죠. 짧게 마치겠습니다. 끝.

빛과 고요와 빨래방

×

채경

제가 긴 문장을 더러 사용한다고 언급하신 데에 대하여 '효율적'이라는 단어로 아름답게 표현해주심에 감사하는 마음이 드는 한편 저의 못난 자격지심이 살며시 고개를 내미는 바람에 혹시 저의 문장이 읽기에 너무 길어서 숨이 찰 때가 있다거나 앞쪽의 내용을 읽을 때는 그럭저럭 따라갈 만했지만 뒤로 갈수록 이 이야기가 언제 끝나는지 궁금증이 생겨 본래 전달하고자 하는 내용을 추적하기보다는 이 문장이 구두점 없이 몇 줄이나 연속되는지 세어보고 싶어지면서 결국 본래의 내용은 잊게 된다는 이야기를 단지 전달만 하시려는 게 아니라 때로는 독자로 하여금 가벼운 답답함을 느끼게 만들고 부지불식간에 큰 숨을 들이마시게도 하는 문제가 간헐적으로 발생하니 조금은 자중하는 게 어떨까 한다는 점을 말하지 않을 수 없다는 안타까움이 있음을 가끔은 지적하게 되는 경우도 있다는 걸 이해해주었으면 한다는 메시지가 제게 가닿기를 바라신다는 것이라면 저는 그러한 전언을 반론의 여지가 없이 수용할 수밖에 없으나 타고난 천성과 이제 약간은 굳어져버린 듯해 누군가는 고약하다고 할 수도 있을 버릇 탓에 쉬이 고쳐지지는 않을 수도 있다는 생각이 든다는 게 스스로도 아쉬움이 아주 없지는 않다고 고하게 됨을 너그러이 보아주시고 그런 저를 어여삐 살펴주시기를 바라는 마음도 있다는 것을 크고도 작은 이 지면을 통해 살짝 털어놓아볼 수 있는 기회가 저에게 주어진다면 느낄 작은 설렘이 있음을 넌지시 내비쳐봅니다.

저는 지금 빨래방에 앉아 이 글을 쓰고 있습니다. 직장에서 제가 속한 센터가 큰 프로젝트 여러 개를 동시에 돌리고 있다고 몇 번 말씀드린 적이 있지요. 일의 규모에 비해 사람 수는 현저히 부족합니다. 머리카락을 열 개쯤 뽑아 후 불어보고 싶어요. 게다가 일은 꼭 한 번에 몰려옵니다. 버스는 몇 대가 한꺼번에 몰려다닐 수밖에 없다고 하던가요. 일도 그렇습니다. 연말이면 그 모든 프로젝트마다 연차보고서와 내년 계획안을 만들어 제출해야 하고요. 예산 상황도 꼼꼼히 확인해야 합니다. 그에 더해 예상치 못한 시기에 중요한 공고가 나와서 예정에 없던 제안서를 갑자기 썼고, 하나 더 써야 해요. 그리고 너무 중요한 연사의 세미나, 필수로 들어야만 하는 교육, 각종 워크숍, 회의, 평가가 씨줄 날줄로 엮여 들어와 제 업무 달력을 가득 채웠어요. 그러는 동안 집은 정글이 되었어요. 그래서 정글도로 길을 내며(농담입니다) 밀린 빨랫감을 잔뜩 채집해 이곳에 왔습니다.

  작가들은 종종 카페에서 글을 쓴다고 하더군요. 빨래방도 카페만큼이나 글을 쓰기 좋은 곳입니다. 상욱님께서 언급하신 백색소음이 가득차 있거든요. 빨래방이니만큼 생래적으로 세탁기와 건조기 돌아가는 소리가 납니다. 세탁기 안으로 물이 흘러듭니다. 드럼식 세탁기 안에서 원심력과 중력이 빨랫감을 처덕입니다. 규칙적인 소음과 불규칙한 소음이 한데 섞입니다. 잔잔한 음악소리도 들려옵니다. 이 빨래방의 주인은 대중가요를 편곡한 피아노곡이나 블루스 음악을 자주 틀어놓습니다. 기타 소리 사이로 물과 세제가 옷과 때를 분리하느라 안간힘을 쓰는 소리가 섞여

듭니다. 분주히 움직이는 기계에서는 열이 납니다. 건조기는 더 뜨겁고요. 그 열기를 빼내기 위해 공조 시스템이 돌아가는 소리도 들립니다. 열기와 함께 각종 화학물질의 향내를 조금이라도 더 신선한 공기로 바꾸고 있습니다. 한쪽에서는 세탁이 끝났다는 삐— 삐— 소리, 누군가 빨래방 카드에 금액을 충전하는 소리…… 흰색白色 소음이 아니라 백 가지 색百色 소음 같기도 합니다.

  빨래방은 글쓰기에 별로 좋지 않은 곳이기도 합니다. 빨래가 너무 금방 끝나거든요. 집에서였다면 훨씬 오래 걸렸을 텐데, 크고 강력한 세탁기와 건조기가 순식간에 해치웁니다. 조금 전에 45분짜리 표준 세탁 코스를 선택했는데, 왜인지 30여 분 만에 끝나버렸어요. 기다리는 동안에도 일을 하려고 노트북을 가지고 왔는데, 아직 제대로 시작도 못했단 말입니다. 세탁물 양에 따라 10분 정도 시간 차이가 날 수 있다고 적혀 있기는 했어요. 하지만 뭐부터 할까 하고 메일함을 뒤적거리다가 저도 모르게 잠깐 휴대폰을 봤을 뿐인데 벌써 끝나다니요. 빨래방에서는 시간이 다르게 흐르는 게 아닐까요? 이곳은 중력을 약화시키는 무언가가 있는 게 아닐까 생각해봅니다. 이곳의 중력장을 교란시키는 것은 무엇일까요.

   높은 산꼭대기에서는 시간이 조금 빠르게 흐른다고 하잖아요. 그럼 높은 산에 자주 다니는 사람은 생일잔치를 조금씩 당겨서 해야 할까요? 지구는 뭐 그리 큰 천체가 아니지만, 토성이나 목성이라면 어떨까요? 행성 하나의 내부 중력 분포가 아니라 태양계 규모에서는 어떨까 하는 생각을 문득 했습니다. 저멀리 명왕성에서는 지구에서보다 시간이 빨리 흐를까요. 노화를 늦추고 싶다면 은하 중심부의 블랙홀을 향해 달려가야 할까요. 잘 알고 있습니다. 오늘 빨래방에서의 시간을 교란시킨 것은 중력이 아니라 저의 집중력이라는 걸요.

   아무 소리도 들리지 않는 상태를 무엇이라고 부르면 좋을까요? 정적, 적막, 침묵, 무음, 고요, 음소거…… 많은 단어가 있습니다. 그런데 그중 어느 것도 단지 소리가 없는 물리적 상태만을 일컫는 것 같지는 않습니다. 국어사전에서 하나씩 찾아보면 모두 그 이상의 의미를 내포하고 있어요. 마음이 하 수상할 때는 빨래방에 앉아서 백 가지 소리를 들으며 고요를 구할 수도 있을 겁니다. 할일이 너무 많아서 어느 일에도 집중하지 못하고 마음만 조급할 때도요.

고요는 소리가 없는 것입니다. 그런데 소리는 고요가 없는 것이 아닙니다. 소리는 소리 없음의 부존재不存在가 아닙니다. 소리는 고요, 정적, 적막, 침묵을 깹니다. 온 방향으로 퍼지며 공간을 채웁니다. 공간空間은 아무것도 없는 빈 곳입니다. 그러나 진정으로 텅 비어 있다면 어떤 소리도 전달되지 않습니다. 영화 <퍼스트 맨>은 닐 암스트롱이 인류 최초로 달에 발을 내딛는 순간을 그립니다. 그 장면에서 관객을 압도하는 것은 끝도 없이 펼쳐진 것만 같은 월면의 삭막함, 그리고 그토록 광활한 풍경 어디에서도 전해오지 않는 소리, 완벽한 적막입니다. 그곳이 '고요의 바다Mare Tranquillitatis'여서일까요?

어둠은 빛이 없는 것입니다. 그리고 동시에 어둠은 빛이 있는 것입니다. 빛이 있되 가닿지 않는 것, 와 닿지 않는 것입니다. 어디에도 빛이 보이지 않을 때는 어둠도 없습니다. 빛이 아직 발원하지 않았을 때에는 어둠도 없습니다. 어둠은 빛의 부존재일 뿐만 아니라 어둠 그 자체도 존재하지 않는 것입니다. 소리가 없는 상태는 정의할 수 없습니다. 소리가 없는 것은 우주의 기본 세팅입니다. 누구도 정하지 않았지만 그렇게 정해져 있습니다.

우리가 알고 있는 우주 공간에는 대부분 빛도 없고 소리도 없고 물질도 없잖아요. 아주 드물게 물질이 있고 소리가 있고 빛이 있는 엄청나게 특이한 이상지역 anomaly에 우리가 존재한다는 걸 생각하면 기분이 좀 묘합니다. 책을 읽다보면 가끔 종이에 티가 있는 걸 봅니다. 우리가 발 딛고 서 있으며 보고 듣고 느끼는 이 모든 물질이 종이 위 활자도 아니고 책 한 권에 하나 있을까 말까 한 작은 티끌에 불과한 우주를 상상합니다. 이 넓은 우주에서 가장 떠들썩한 곳, 백 가지 소음으로 가득찬 곳에 우리가 있습니다. 우주 전체는 고요한 곳이지만 우리의 공간space은 시끌벅적합니다.

백색소음 속에서 비비 킹의 곡이 간헐적으로 들려옵니다. 블루스의 전설로 불리는 비비 킹은 자신의 기타에 '루씰Lucille'이라는 이름을 붙였다고 해요. 루씰이라는 이름은 빛을 뜻하는 라틴어 Lux에서 온 거고요. 빛의 기타에서 나오는 소리가 저의 우주를 메웁니다. 빨래방이라는 작고 시끄러운 우주. 건조가 끝날 때까지만이라도 잠시 눈을 감고 저만의 어둠 속에서 고요를 찾아볼까 합니다. 조선 실학자 이덕무는 마음이 혼란스러울 때 눈을 감고 눈동자 속에 명멸하는 온갖 광채를 바라보면 한바탕 번잡한 근심을 해소하게 된다고 썼습니다.

무엇이든 물어보는 것에
대해 물어보다

×

상욱

채경님이 〈알쓸인잡〉에 출연하시기 전, 저는 '알쓸' 시리즈에서 거의 언제나 유일한 이공계 출신이었습니다. 그러다보니 다른 출연자들과 유머 코드가 맞지 않거나 저 혼자 분위기 파악 못하고 엉뚱한 소리를 하는 경우가 종종 있었죠. 채경님이 '알쓸' 시리즈에 합류한 이후, 제가 하는 이야기를 온전히 이해해줄 사람이 적어도 한 명은 있다는 사실에 얼마나 마음 든든했는지 모릅니다.

"다음 회는 기적을 만드는 사람이 주제인데, 혹시 떠오르는 사람이 있으실까요?" 〈알쓸인잡〉 작가님 이야기를 듣고 저는 바로 질문을 했죠. "기적이라는 것이 정확히 어떤 의미인가요? 물리적으로 불가능한 사건을 말하는 것인가요? 아니면 물리적으로는 가능하지만 일어나기 힘든 사건을 말하는 건가요?" 작가님과 저 사이에 잠시 침묵이 흘렸죠. 작가님의 웃음소리가 정적을 깼습니다. "호호호. 심채경 박사님도 비슷한 질문을 하셨는데……"

저나 채경님은 답을 하기 전에 항상 질문에 들어 있는 단어의 정확한 의미를 먼저 확인합니다. 제가 원래부터 그랬는지 물리학을 공부하다가 생긴 습성인지는 모르겠지만, 제 주변의 과학자가 다들 이렇게 행동하는 걸 보면 이공계 출신이라 그런 것 같기는 합니다.

채경님도 마찬가지겠지만 질문을 받으면 저는 우선 질문 자체에 대해 곰곰이 생각합니다. 질문을 제대로 이해하지 못한 채 바로 답하면 틀리기 십상이기 때문이죠.

a : 너 〈매트릭스〉 봤어?

b : 뭐? 거기까지 시험범위야?

키아누 리브스 주연의 영화 〈매트릭스〉에 대해 이야기하고 싶었던 a는 황당한 표정을 지을 겁니다. 수학에서 매트릭스는 '행렬'이라는 것으로 2차원 숫자의 배열을 말합니다. 먼저 이 매트릭스가 그 매트릭스인지 물어봐야죠.

부탁을 할 때도 마찬가지입니다. 인터넷에 돌아다니는 유명한 이야기가 있습니다. 아내가 남편에게 부탁합니다. "요 앞 가게 가서 우유 하나 사다 줘. 계란 있으면 여섯 개

사 오고." 잠시 후 돌아온 남편의 손에는 우유만 여섯 개 들려 있습니다. 저나 채경님과 사고 패턴이 비슷한 분들은 남편이 왜 이런 행동을 했는지 바로 이해하실 겁니다. 계란이 있으니 우유를 여섯 개 사 온 거죠. 아내의 비명이 귓가에 들리는 듯합니다. 그나마 우유였기에 망정이지 수박이었으면 그야말로 낭패였을 겁니다(아직도 남편이 왜 저렇게 행동했는지 잘 모르겠는 분들을 위해 설명하자면, 남편은 계란이 없으면 우유 한 개, 계란이 있으면 우유 여섯 개라는 조건문으로 아내의 부탁을 이해한 겁니다).

질문 자체가 틀린 경우도 있습니다. '의자에 앉을 때 가장 좋은 자세는 무엇인가?'라는 질문을 생각해보죠. 허리를 곧게 펴고 고개를 들어 눈을 15도 각도로 올려다보는 자세가 답일까요? 허리를 S자 형으로 만들기 위해 쿠션을 받치는 자세일지도 모릅니다. 저 같은 사람은 우선 질문을 곱씹어봅니다. 좋은 자세라…… 근데 애초에 인간은 왜 의자에 앉는 거지? 원래 의자는 편하게 앉자고 만든 것이 아닙니다. 의자에 앉아 살아가는 야생동물은 없습니다. 인간의 몸도 그냥 땅바닥에 털퍼덕 주저앉도록 만들어졌죠. 근대화되기 이전 우리나라 사람들은 대부분 바닥에 앉아 생활했습니다. 좌식이라고 하죠. 의자에 앉는 문화는 중국과 서양에서 들어온 겁니다.

역사적으로 의자는 권력의 상징이었습니다. 왕과 같은 권력자는 남들과 다르게 보여야 했습니다. 그래서 왕관이라는 이상한 모자를 쓰고 화려한 옷을 입고 막대기도 하나 들고 있죠. 여기에 의자가 추가됩니다. 다른 사람은 모두 서 있거나 머리를 땅에 대고 있고 오직 왕만이 의자에 앉았던 거죠. 고대 이집트의 의자는 직각으로 되어 있어 앉기 불편합니다. 파라오는 편하자고 의자에 앉은 것이 아니었기 때문입니다. 목 디스크에 걸리기 딱 좋게 생긴 무거운 왕관도 편하자고 쓴 것은 아니었죠.

시간이 흘러 권력이 시민에게 넘어오며 의자에 앉는 권리도 모두에게 주어집니다. 더구나 산업혁명이 시작되자 생산직 노동자를 기계 옆에 묶어두고 사무직 노동자를 좁은 공간에 가둬두기 위해 의자가 도입됩니다. 19세기 영국의 공공 교육에서 가장 중요한 목표는 아이들이 의자에 앉아 몇 시간이고 버티도록 훈련시키는 겁니다. 결국 체벌을 통해 이 목표는 달성됩니다. 지금 우리도 마찬가지가 아닐까요? 원래 우리 몸은 의자에 앉도록 만들어지지 않았습니다. 그렇다면 의자에 앉는 좋은 자세는 무엇일까요? '그런 자세는 없다'가 답입니다. 의자에 앉아 오랜 시간을 보내면 안 됩니다. 허리에 무리가 오죠. 가급적 틈나는 대로 걷고 움직여야 합니다.

저는 강연을 자주 합니다. 강연장에서 다른 사람의 강연을 들을 기회도 많습니다. 강연이 끝나면 대개 청중의 질문 시간이 있습니다. 여기서 흥미로운 사실을 하나 알게 되었죠. 한 청중이 강연자에게 A에 대해 질문합니다. 강연자는 A에 대해 설명하는 듯하더니 결국 B를 이야기하고 답을 마칩니다. 제가 보기에 답을 제대로 한 것이 아닌데, 사람들은 별로 불만이 없는 표정입니다. 심지어 박수를 치기도 합니다.

과학자들의 강연이나 세미나에서는 A를 물으면 반드시 A에 대해 답해야 합니다. B나 C를 이야기하면 오히려 감점입니다. 만약 A에 대해 잘 알지 못하면 "모른다"고 정확히 말해야 합니다. 가장 위험한 것은 잘 모르면서 답을 하거나 앞의 강연자처럼 A에서 시작해서 B로 끝나는 겁니다. 저도 강연이 끝나면 질문을 받습니다. 과학자이다보니 아는 한도 내에서 답하고 모르면 모른다고 합니다. 하지만 이따금 A에서 시작해서 B로 끝내보기도 했습니다. 제 마음은 불편했지만 별문제는 없더군요. 말로 할 때 사람들은 긴 호흡의 논리를 따라가기 힘듭니다. 긴 호흡의 논리를 유지하고 싶다면 글을 써야 합니다. 그래서 정치인들은 글보다 말을 좋아하는지도 모르죠.

질문은 양자역학에서도 중요합니다. 양자역학을 공부할 때 질문을 많이 해야 한다는 것이 아니라, 양자역학의 핵심 원리에 질문이 들어 있다는 뜻입니다. 양자역학은 어렵기로 소문이 자자합니다. 인간의 경험이나 상식과 너무 달라서 그렇습니다. 단적인 예가 '관측'입니다. 채경님은 잘 아시겠지만, 대상의 위치를 관측하는, 즉 본다는 행위가 대상에 영향을 줍니다. 예를 들어, 두 개의 문이 있는 방을 생각해보죠. 우리는 한 번에 하나의 문만 지날 수 있습니다. 너무 당연해서 이런 말을 하는 것 자체가 이상할 지경입니다. 하지만 양자역학으로 기술되는 원자는 동시에 두 개의 문을 지날 수 있습니다. 이것만으로도 충분히 이상하지만 더욱 이상한 것은 원자가 어느 문을 지나는지 볼 때 일어납니다. 원자가 진짜로 두 개의 문을 동시에 지나는지 확인하려고 원자를 관측하면 원자는 하나의 문만 지납니다. 즉, 우리가 관측을 할 때는 하나의 문을, 관측을 하지 않을 때는 동시에 두 개의 문을 지난다는 것이 양자역학이 주장하는 바입니다. (더 자세히 이야기하면 머리가 아프실지도 모르니 이쯤에서 중단하겠습니다.)

두 개의 문 가운데 하나를 고르는 것은 질문에 대한 두 개의 가능한 대답 가운데 하나를 선택하는 것과 비슷합니다. "그것은 동물입니까?"라는 질문에 대해 왼쪽 문은 "예" 오른쪽 문은 "아니오"라고 볼 수 있다는 거죠. 자, 이제 스무고개 게임을 고려해봅시다. 스무고개 게임이란 한 사람이 마음속에 하나의 단어를 생각하고(예를 들어, '고양이'나 '양자역학' 등), 상대가 스무 개의 질문을 해서 그 단어를 맞히는 겁니다. 앞에서 말한 비유를 사용하기 위해 '예' '아니오'로만 답하는 스무고개 게임을 생각해보겠습니다. 일상의 스무고개 게임에서는 질문을 하는 동안 단어가 바뀌지 않습니다. 하지만 양자역학적 스무고개 게임을 한다면 질문에 따라 단어가 바뀝니다. 관측이 대상에 영향을 주니까요.

양자역학에서는 스무 개의 질문과 답의 리스트가 단어를 결정합니다. 양자역학적 우주에서는 실체가 존재하고 질문을 통해 그 실체를 알아내는 것이 아니라, 실체라는 것은 아예 존재하지 않고 질문과 답의 집합이 바로 실체를 만드는 것이죠. 예, 아니오는 숫자 1, 0으로 표현할 수도 있습니다. 우주는 1과 0의 집합으로 표현될 수 있다는 뜻이기도 합니다. 컴퓨터가 1, 0으로 표현된 정보를 처리하는 기계라는 사실을 생각해보면 양자역학적 우주는 컴퓨터와 비슷하다고 할 수 있죠. 바로 '계산 우주computational universe'라는 우주 모형입니다. 행렬이 아니라 영화 〈매트릭스〉에 나오는 세상이죠. 이제 질문이 얼마나 중요한지 아시겠죠? (참고로 '계산 우주'는 아직 가설에 불과하고, 실험적 증거도 없는 SF보다 조금 나은 수준의 물리 이론입니다.)

매주 〈과학산문〉 뉴스레터 편집자께서 '무엇이든 물어보세요' 코너 질문 목록을 정리하여 보내줍니다. 정말 다양한 질문이 있더군요. 위에서 이야기한 방법으로 질문을 보면 어떤 질문도 답하기 쉽지 않습니다. 질문에 등장하는 단어의 의미를 곱씹고 질문자의 의도를 생각해야 합니다.

정확히 이해가 되지 않는다면 이와 관련하여 제가 하고 싶은 말이 있는지도 생각해봅니다. 하지만 가장 중요한 것은 질문에 끌려가지 않는 거라고 생각합니다.

게으름을 이겨내는 방법에 대해 답해드린 적이 있습니다. 의자에 앉는 좋은 자세 이야기가 떠오르더군요. 게으르다는 것이 정말 심각한 문제일까라는 생각이 들었다는 뜻입니다. 심각한 상황에서 게으를 사람은 없으니까요. 자신이 게으르다는 자각을 할 정도면 이미 문제가 없는 거라는 생각도 들었고요. 이렇게 생각하니 저도 좀 게을러도 되겠다는 안도감까지 생기더군요. 질문 덕분에 저도 구원을 받은 경우랄까. 그래서 이번 원고도 마감 날짜를 조금 넘겼습니다.

다음주에도 '무물' 질문 목록이 도착할 겁니다. 저는 과학자의 눈으로 질문을 헤집어보겠지만, 사실 이 코너는 묻고 답하기보다 독자와 제가 소통하는 자리라고 생각합니다. '무엇이든 물어보세요'라고 쓰고 '무엇이든 남겨보세요'라고 읽는다는 뜻이죠. 그럼 다음 질문 기다리겠습니다.

Q. 시험 기간인 대학생입니다. 오늘도 공부는 하기 싫고, 이런 게으른 제가 싫기도 합니다. 게으름을 이겨내는 방법이 있으신가요? 게으른 사람과 부지런한 사람의 차이점이 뭘까요?

A. 게으르다는 것이 무엇일지부터 생각해봐야겠죠? 우리는 주로 어떤 일에 게으를까요?

"나는 화장실 가는 데 게을러서 변비로 고생해."

"나는 숨쉬는 데 게을러서 호흡이 곤란해."

아마 이런 사람은 없을 겁니다. 생존에 꼭 필요한 일에서 게으르면 존재 자체가 위협받기 때문이죠. 즉, 대개 우리는 심각하지 않은 일에 게으릅니다.

원고 마감이 이틀밖에 안 남았지만 저는 오늘도 게으름을 피웁니다. 사실 마감 시간을 조금 어겨도 큰일이 일어나지 않을 걸 알기 때문입니다. 대개 마감은 제가 원고를 늦게 넘길 가능성과 편집할 시간까지 고려하여 정해진 것이라 실제 여유가 며칠 더 있거든요. 솔직히 말하면 그런 사정을 아니까 제가 게으름을 피우는 것이죠. 목요일 오전 8시에 뉴스레터가 발송되어야 하는데, 전

날 밤까지 원고를 마감하지 못했다면 게으름을 피우라고 해도 그러지 못할 겁니다.

게으름을 피우는 것은 아직 여유가 있기 때문이라는 거죠. 그렇다면 자신이 게으르다고 걱정하는 것은 아직 여유가 있다는 사실을 은폐하고 자신을 죄책감에 빠뜨리는 자기학대일지 모릅니다. '나는 왜 게으를까?' 생각하기보다 '내가 게으르게 행동하는 걸 보니 아직 여유가 있구나'라고 생각해보자는 거죠. 완전히 자포자기한 사람은 게으름을 걱정하지도 않을 테니까요.

자신이 게을러서 고민이라고요? 아직 여유가 있으니 지금 시작하면 됩니다.

제자리걸음도
걸음은 걸음이다

×

채경

수업 말미에 질문 없냐고 묻는 선생님들이 계시죠. 무엇이든 물어보라 독려하시는 상욱님의 글을 보면서 아, 교수님이다, 라고 생각했습니다. 하하. 지적하려는 건 아닙니다. 제가 만났던 몇몇 친절한 교수님, 연사님들은 강의나 세미나를 마치면서 질문이 없는지를 집요하게 묻곤 하셨죠. 세상에 바보 같은 질문이란 없다고 하시면서 누군가 아무 말이라도 할 때까지 끈질기게 기다리시는 동안 숨소리도 내면 안 될 것 같은 정적이 흘렀습니다. 편안한 호흡을 유지하고 있는 사람은 연단에 서서 인자한 표정으로 굽어살피고 계시는 그분뿐인 시간. 어쩌면 즐기고 계시는 듯했습니다. 곤란한 침묵 뒤에 마침내 다가올 보람을.

  세상에 바보 같은 질문이란 없다고들 하지만, 나이가 비슷해선지 저를 좀 친근하게 대하시는 어떤 교수께서는, 아니다, 바보 같은 질문은 있다, 그런 질문을 받으면 사실 무척 답답하고 왜 저러나 하는 생각이 든다고 털어놓았습니다. 네, 그랬던 것입니다. 질문에 대한 촉구와 뒤따르는 긴장 가득한 침묵, 이 순간을 빨리 타파해야 한다는 생각에 쥐어짜낸 질문, 그리고 혹시 이 질문은 너무 수준 낮은 게 아닐까, 그래서 누군가 비웃거나 질문자의 수준까지 평가하는 것은 아닐까, 하는 불안함은 결국 구체적인 실제에 얼마간 맞닿아 있습니다.

질문은 때로 질문자의 취약성을 드러냅니다. 수학 시험이 끝난 뒤 주관식 1번 답이 e 맞지? 응 맞아, 하는 친구들의 대화에 아아, 1이 아니라 2였어? 하고 물은 학생은 애써 숨겨왔던 수학 실력을 공표하고 말았습니다. (e와 2를 소리만으로는 구분하지 못한다는 데에서, 두 화자 중 적어도 한 명은 경상도 억양을 이해하지 못한다는 것을 알 수 있습니다.) 정말로 인간이 달에 착륙했던 게 확실하냐고 묻는 사람은 아폴로 프로그램의 구체적인 내용과 수많은 문서와 당시의 교신 녹음과 실험 결과를 찾아본 적이 없음을, 그리고 과학적 추론에 익숙하지 않으며 익숙해지고 싶은 생각도 별로 없음을 드러냅니다. 나를 정말 사랑하느냐고 묻는 이는 어쩌면 단지 상대의 사랑을 확인하고픈 것뿐 아니라 혹시 상대가 나를 사랑하지 않을까 불안해하며 상대와의 더 강한 연결을 갈망하고 있는지도 모릅니다.

어떤 질문은 묻고 있되 묻지 않습니다. 그게 아니라고 했어, 안 했어? 자꾸 이런 식으로 할 거야? 같은 질문은 분노와 절망, 실망과 비난을 내포하고 있을 뿐, 답을 구하는 것이 아닙니다. 그러나 질문이 아니라고 해서 답을 하지 않으면 더 큰 고난이 다가옵니다. 지금 내 말 무시해? 왜 대답이 없어? 그렇다고 답을 해도 결과는 크게 다르지 않습니다. 이 경우 대개 다음 질문은 뭐라고? 입니다. 진퇴양난, 사면초가, 좌불안석, 풍전등화, 초미지급의 상태로 진입합니다.

태양과 달과 오행성이 지구를 중심으로 도는 게 아니라, 지구가 태양 중심으로 도는 게 아닐까 하는 질문을 너무 일찍 던졌던 이가 있습니다. 그의 질문은 우주의 본질이라는 과학의 범위를 훌쩍 넘어서, 인간이 우주를 인식하는 방식의 본질, 인간이 인간을 다루는 방식과 종교의 본질에까지 가닿으며 깊고 크고 오랜 울림을 남겼습니다.

『이상한 나라의 앨리스』에서 가엾은 소녀는 스스로에게 묻습니다. 이제 어떻게 해야 하지? 나는 어떻게 되는 걸까? 커질까? 작아질까? 도대체 뭘 먹어야 하는 거지? 자문自問은 하고 자답自答은 하나도 하지 못하는 앨리스에게 애벌레가 질문을 던집니다.

너는 누구인가?

저는 버섯 위에 팔짱을 끼고 앉아 물담배 연기나 뿜어대던, 7.6센티미터의 완벽한 키를 가진 그 애벌레를 종종 생각합니다. 아니, 정확히는 그의 질문을, 되새깁니다. 앨리스가 된 심정으로요. 나는 누구일까요? 어디로 가야 하는 걸까요?

『소송』의 주인공 요제프 K의 질문도 생각합니다. "그런데 이유가 뭡니까?" 아무리 물어도 그는 자신이 체포당한 이유를 끝끝내 알지 못합니다. 세상이 그에게 장난치는 것만 같습니다. 그에게 세상은 부조리하고 이해할 수 없으며, 법과 사회의 체계는 무의미합니다. 그는 무력하고 답이 없습니다. 그에게 왜 그런 일이 벌어진 걸까요? 장편소설 한 권이 끝날 때까지, 서른한 살 생일을 앞두고 요제프 K의 삶이 '개같이' 끝날 때까지, 카프카는 답을 주지 않습니다. 그의 많은 작품이 그러하듯 요제프 K의 이야기 또한 그가 떠난 세상에 미완성으로 남았기에 우리는 영영 알지 못합니다. 소송의 이유도, 작가가 종국에는 소송의 이유를 알려줄 심산이었는지 여부조차도요.

한강 작가의 노벨문학상 강연을 들었습니다. 그에게 장편소설을 쓰는 일은 특별한 매혹이 있다고 하더군요. 그 매혹이란 개인적 삶의 상당한 기간과 맞바꿔도 좋다고 결심할 만큼 중요하고 절실한 질문들 속으로 들어가 머물 수 있다는 것이라고, 그 질문들의 끝에 다다라 글을 완성할 때의 작가는 그 소설을 시작하던 시점과는 같은 사람일 수 없다고 했습니다. 그는 『소년이 온다』를 쓰기 시작할 무렵을 회상하며 그때의 질문도 떠올립니다. 두 번 물었습니다.

인간은 인간에게 이런 행동을 하는가?
인간은 인간에게 이런 행동을 하는가?

지난 한 주, 안녕히 지내셨나요? 제게는 무척 많은 질문이 떠오른 한 주였습니다. 머릿속 여기저기에 마구잡이로, 형형색색의 크고 작은 갖가지 물음표가 떠올랐고, 가라앉혀보려 애썼고, 열이 잔뜩 오른 압력밥솥처럼 미처 다 꾹꾹 눌러 담지 못한 뜨거운 것을 물과 함께 격렬히 내보내며 쉬익거리기도 했습니다. 억울하고, 분하고, 지쳤고, 실망스러웠습니다. 후회한들 돌이킬 수 없는 일들이 미처 손 뻗어 잡을 새도 없이 지나갔습니다. 아무 말도 할 수 없고 그저 꾹꾹, 끅끅. 끅끅, 꾹꾹.

질문조차 하지 못할 때가 있습니다. 무엇이 문제인지, 무엇을 궁금해해야 하는지, 무엇을 놓치고 있는지, 무엇을 의도적으로 혹은 친절하게 남겨놓았는지, 알지 못할 때가 있습니다. 이 강의가 혹은 이 세미나가 끝나기 전에 무조건 질문을 하나는 할 거야, 스스로에게 주문을 걸던 때가 있었습니다. 서양식 학문을 하면서 질문하고 토론하기를 꺼리지 않는 서양 대학원생들의 자세는 아직 터득하지 못했다는 생각이 들어서 그랬습니다. 중심 내용에 대한 질문이 떠오르지 않으면 참고한 논문이나 관측 자료가 공개된 웹사이트 주소라도 물었습니다. 그런 질문도 하지 못할 것 같은 날에는 사소한 용어의 쓰임새에 의문을 품어보거나 발표 자료의 오타라도 찾으려 애썼습니다. 그조차도 안 되는 날에는 도대체 뭐가 문제냐 스스로에게 묻지도 못했습니다.

 이십대의 시간 상당량을 말에 대해 고민하며 보냈습니다. 저의 가시 돋친 말에 상대가 상처받을 것 같았습니다. 대화법에 관한 책을 닥치는 대로 읽었습니다. '○○하면 안 된다'는 말이 많이 쓰여 있었습니다. 이렇게 말하면 안 되고 저렇게 말해도 안 된다고 했습니다. 그런데 그러면 어떻게 말하면 되는지는 아무도 가르쳐주지 않더군요. 제가 처한 상황, 시기, 상대의 특성, 상대와의 지나간 역사, 제가 하려던 말, 그 말을 하려던 때 제가 했던 생각…… 그 모든 것이 꼭 맞아떨어지는 예제는 어디에도 쓰여 있지 않았습니다. 저는 점차 아무 말도 하지 못하는 날이 많아졌습니다. 안에서 자라났으되 밖으로 내뱉지 못한 가시는 제 속에서 맴돌며 스스로를 상처냈습니다. 그 상처가 아물고 다시 상처가 나기를 반복한 끝에, 저는 이제 막 코드 몇 개를 외운 초보 기타 연주자의 왼손 끝처럼 삶의 굳은살을 아주 조금은 갖게 되었어요. 때로는 굳은살이 조금 갈라

지기도 하고, 너무 빨리 딱지를 떼어버린 상처처럼 좀처럼 아물지 않는 자리도 있지만요.

  질문은 단순한 호기심을 넘어, 모르는 것을 인정하는 행위이기도 합니다. 취약함을 드러내고 자신의 불완전함을 인정하는 방법입니다. 자신의 불안을 해소하려는 본능적인 시도일 수도, 성장으로 향하는 용감한 발걸음일 수도 있습니다. 과학자에게는 기존의 체계에 도전하고 새로운 방향으로 확장하는 순간입니다. 아주아주 미세하게. 너무 좁은 보폭이라 보잘것없어 보인다면 미시 세계의 척도로 보면 됩니다. 양자역학의 규모에서 본다면 얼마나 거대한 도약이겠습니까. 매양 같은 자리여도 괜찮습니다. 그렇게 해서라도 우리는 나아갈 것입니다. 우리는 좋아질 겁니다. 묻지 않음이 질문일 때도 있으니까요. 제자리걸음도 걸음은 걸음이니까요.

어떻게
민주주의는 무너지는가

×

상욱

글을 쓰고 있는 지금, 세상은 난리가 났습니다. 대통령의 계엄 선포와 국회의 계엄 해제, 탄핵안 발의와 부결, 탄핵안 재발의와 통과까지 세상은 한 치 앞을 알 수 없는 정치적 소용돌이에 빠져 있습니다. 오늘은 민주주의의 위기에 대한 정치적 이야기를 하지 않을 수 없겠네요. 우선 저의 사적인 경험부터 소개하겠습니다.

  1987년 저는 고등학교 2학년 학생이었습니다. 채경님은 아직 초등학교에 입학하기 전이겠네요. 당시 시민들은 전두환 군부독재에 대항하여 날마다 거리에서 치열한 시위를 전개하고 있었습니다. 시위 현장에는 최루탄과 화염병이 날아다녔고 사복경찰은 쇠몽둥이로 무차별적인 폭력을 휘두르는 시대였습니다. 경찰에 연행이라도 되면 구타를 당하거나 유치장에 갇히는 것은 흔한 일이었습니다.

저는 학생회 간부였는데, 매일 국기를 올리고 내리는 것도 학생회가 해야 할 일의 하나였죠. 이게 무슨 말인지 모르시는 분들도 있을 겁니다. 관공서와 학교에서는 매일 아침과 저녁에 국기를 게양하고 내리는 행사를 했습니다. 그때마다 야외 스피커로 애국가를 크게 트는데, 이때 모든 사람은 하던 일을 멈추고 '국기에 대한 경례' 자세를 취해야 했죠.

모두가 저를 지켜보는 가운데, 교문 앞에 있는 태극기를 조심스럽게 올리고 내리는 일을 했던 겁니다. 국기를 너무 빨리 올리면 애국가 뒷부분이 나오는 동안 그냥 멀뚱히 서 있어야 하고, 너무 늦게 올리면 애국가가 끝났는데도 국기가 올라가고 있어 서 있는 사람들을 혼란에 빠지게 할 수 있습니다. 그래서 저같이 매사에 근심 걱정이 많은 학생은 적정 속도로 국기를 올리고 내리느라 엄청난 스트레스를 받았습니다. 국기 게양대 높이가 8미터쯤 되었는데, 애국가 길이가 1분쯤 되니까 초당 13센티미터의 속도로 올리려고 노력했을 겁니다.

1987년 6월 10일 대규모 반정부시위가 예고되었습니다. 6월 민주항쟁의 시작이었죠. 당시 시위를 조직했던 민주헌법쟁취 국민운동본부에서는 오후 6시 국기 강하식 애국가가 울리는 것을 신호로 거리의 모든 자동차는 전두환 정권에 저항하는 의미의 경적을 울려달라고 요청했습니다. 그날 아침 학생회 담당 선생님께서 저에게 특별한 지시를 내렸습니다. "상욱아, 오늘 저녁 6시 국기 강하식 때에는 애국가를 틀지 말고 그냥 국기만 내려라. 방송반에도 꼭 전달하도록." 사실 제가 다니던 고등학교는 서울시 외곽에 있었는데 한쪽은 경부선 철로, 나머지는 사방이 아파트로 둘러싸인 곳이었습니다. 애국가를 튼다고 해도 대세에 별 영향을 줄 수 없는 위치였죠.

오후 수업시간 내내 양심의 갈등이 계속되었습니다. 전두환 정권은 이미 민심을 잃은 상태라 반정부 시위가 올바른 일이라는 것을 거의 모든 학생이 알고 있었습니다. 광주에서 온 전학생에게 1980년 광주에서 있었던 충격적인 이야기를 들은 적도 있었고요. 당시에는 광주 이야기를 공개적으로 하면 구속될 수도 있었습니다. 방송반 부장에게 아까 한 이야기 취소할 테니 6시에 애국가를 틀라고 해야 하나. 이런 역사적 순간에 나도 뭔가를 해야 하지 않을까?

자세한 기억은 나지 않지만 소심한 고등학생의 속은 까맣게 타들어갔을 겁니다.

결국 조그마한 용기도 내지 못한 채 침묵 속에 국기를 내렸습니다. 애국가가 없으니 초당 13센티미터의 속도로 내릴 필요도 없었죠. 아마 빛의 속도로 내리지 않았을까요? 이 사건은 저에게 꽤나 오랫동안 죄책감으로 남았습니다. 별거 아닐 수도 있지만, 군사독재의 동조자가 된 느낌이었다고 할까요. 당시의 죄책감 때문이었는지 모르지만 이후 이런저런 사회문제에 적잖은 관심을 가지게 되었습니다.

최근 일어났던 여러 일들을 보며 스티븐 레비츠키와 대니얼 지블랫이 쓴 『어떻게 민주주의는 무너지는가』(이하 『어민무』)가 떠올랐습니다. 지난 백여 년 동안 수많은 나라에서 민주주의는 합법적으로 무너졌습니다. 세부적으로는 나라마다 다양한 이유와 과정이 있지만, 공통적으로 볼 수 있는 패턴이 있다는 것이 이 책의 주장입니다.

1차세계대전 패전의 충격에서 조금씩 회복하던 독일은 1930년 대공황으로 위기에 직면합니다. 혼란 속에 공산주의와 나치즘이 득세하게 되죠. 1917년 러시아에서 공산혁명이 성공한 이후 유럽의 자본가 지배계급은 공산주의의 위협에 떨고 있었습니다. 보수 정치인들은 공산주의에 대항하고 선거에서 이기기 위해 히틀러와 손을 잡습니다. 히틀러는 정치 신인이었지만 선동가로 대중에게 인기가 높았습니다. 보수 정치인들은 그를 수상에 앉혀 일단 선거에서 승리한 후 적당히 제어하면서 자기들 뜻대로 통치하면 된다고 생각했던 거죠. 하지만 히틀러는 권력을 잡자 통제를 받기는커녕 독재를 향해 나아갑니다.

독일의 히틀러, 이탈리아의 무솔리니, 브라질의 바르가스, 페루의 후지모리, 베네수엘라의 차베스와 같은 아웃사이더 정치인들이 이렇게 권력을 잡고 선거를 통해 독재자가 되었습니다. 선거에서의 승리만을 바라며 기성정당의 정치인들이 정치적 기반이나 경험이 없지만 오직 인기만 있는 인물과 손을 잡았다가 예상과 달리 통제하지 못하는 경우 독재의 길이 열릴 수 있습니다. 우리도 기성정당이 정치 경험이 전혀 없는 윤석열을 오직 선거에 이기기 위해 대통령 후보로 추대하여 당선시켰지만, 이후 그를 제대로 통제하지 못했다고 볼 수 있습니다. 이 경우 가장 큰 책임은 그런 인물을 대통령 후보로 추대한 기성정당에 있다고 『어민무』는 말합니다. 양당 체제에서 일단 대통령 후보가 되면 대통령이 될 확률은 대충 50퍼센트입니다. 둘 중에 하나를 고를 수밖에 없는 상황에서는 잠재적 독재자를 선택한 유권자보다 그를 후보로 세운 정당의 책임이 더 클 수밖에 없는 것이죠.

독일의 바이마르헌법은 최고의 법률가들에 의해 정교하게 만들어진 것입니다. 하지만 히틀러의 독재를 막지 못했습니다. 모든 헌법은 불완전합니다. 헌법 조항은 다양한 해석이 가능하여 예측 못한 방식으로 악용될 위험이 있습니다. 사실 모든 내용을 헌법과 법률에 써넣을 수는 없습니다. 쓰지는 않았지만 암암리에 지켜져야 하는 규범으로 민주주의는 유지됩니다. 『어민무』는 민주주의의 핵심이 되는 규범으로 '상호관용'과 '제도적 자제'를 제시합니다.

'상호관용'이란 정치적 반대파를 제거해야 할 적敵이 아니라 자신과 같은 시민으로 인정해야 한다는 겁니다. 역사적으로 볼 때 이것은 놀라운 개념입니다. 정권을 잡으면 경쟁자는 모조리 죽여버리는 것이 일반적이었거든요. 『어민무』는 잠재적 독재자가 보여주는 전형적인 신호가 있다고 말합니다. 정치적 경쟁자를 체제 전복 세력이나 헌정 파괴자라고 비판하고, 근거 없이 범죄자라고 몰아세우며, 법률 위반을 문제삼아 상대를 정치 무대에서 끌어내리려고 하는 것입니다. 민주주의는 헌법과 법률만이 아니라 반대파에 대한 관용을 기반으로 합니다.

'제도적 자제'는 그 반대를 설명하면 이해가 빠를 겁니다. 반대파를 괴롭히기 위해 법률적 특권을 함부로 휘두르는 겁니다. 규칙에 따라 경기를 하기는 하지만, 상식이나 통념으로 볼 때 말도 안 되는 수준으로 최대한 거칠게 상대를 밀어붙이는 거죠. 아르헨티나 헌법은 대통령의 행정명령 권한에 대해 모호하게 정의하고 있습니다. 아르헨티나의 행정명령은 다른 나라의 일반적인 행정명령과 달리 법률과 같은 효력을 가집니다. 대통령이 의회의 입법권을 가진 것이라 볼 수 있습니다만, 예외적이고 긴급한 상황에서만 사용하도록 되어 있습니다. 메넴 대통령은 불과 몇 년 동안 무려 3백 건 이상의 행정명령을 내립니다. 메넴 이전 136년 동안 아르헨티나에서 행정명령이 내려진 것은 총 25건에 불과했습니다. 윤석열은 불과 2년여 동안 법률 거부권을 25건이나 사용했습니다. 김영삼의 문민정부

이후 윤석열을 제외한 대통령들이 행사한 거부권은 모두 9건이었습니다.

암묵지暗默知, tacit knowledge는 화학자이자 철학자였던 마이클 폴라니가 제안한 개념입니다. 폴라니는 "우리는 우리가 말할 수 있는 것보다 더 많은 것을 알고 있다"고 말했습니다. 즉, 말로 표현될 수 없는, 경험이나 학습을 통해 몸에 체득되는 지식이 있다는 뜻이죠. 수영 선수가 쓴 매뉴얼만 읽고 수영을 배울 수는 없습니다. 물에 들어가 직접 몸으로 체험해야 수영을 할 수 있습니다. 과학 실험도 마찬가지입니다. 논문에 나온 실험장치, 규격, 데이터만 보고 실험을 재현하기는 힘듭니다. 논문에 다 쓸 수 없는 암묵지가 있기 때문입니다.

제가 카이스트 학부생이던 시절, 서울에 있던 카이스트 대학원이 대전으로 이전되었습니다. 물리학과의 경우 실험실을 통째로 옮겨야 했죠. 실험장치를 해체하고 이동시킨 다음 다시 조립하면 곧바로 작동될 것 같지만, 대개는 그렇지 않았습니다. 장치를 재가동하기 위해서 며칠, 몇 달씩 걸리는 경우가 비일비재했죠. 대개의 실험장치는

5~6년 전에 만들어지고 끊임없이 업데이트되어왔습니다. 지금 그 장치를 다루는 학생들도 그동안 이 장치에 들어간 온갖 노하우를 모두 알지 못하는 경우도 많습니다. 장치를 옮겨 재가동하기 위해서는 그 모든 암묵지를 다 알아야 했던 것이죠. 실험장치는 매뉴얼만으로 작동시킬 수 없습니다. 마찬가지로 민주주의는 헌법과 법률만으로 유지될 수 없습니다.

기성정당이 충분히 검증되지 않은 인물을 최고 권력자 후보로 추대할 때 민주주의에 위기가 올 수 있습니다. 즉, 기성정당이 최악의 인물을 걸러내는 최소한의 역할을 하지 않으면 민주주의는 합법적으로 무너질 수 있습니다. 과학에 암묵지가 있듯이 민주주의가 제대로 작동하기 위해서는 최소한의 규범이 지켜져야 합니다. 정치적 경쟁자도 동등한 시민으로 인정하고 최대한 존중해야 합니다. 경쟁자에 대해 법으로 허용된 모든 수단을 총동원하여 비상식적인 공격을 해서는 안 됩니다.

하루빨리 정국이 안정되어 편안한 마음으로 필담을 나눌 수 있길 기원하겠습니다.

지구인에게 남은 선물

×

채경

어제는 성탄절이었습니다. 휴일 잘 보내셨나요? 21세기 들어 메리 크리스마스라는 인사 대신 해피 홀리데이로 바꾸어 인사하자는 제안이 많아졌습니다. 영어를 생활이 아닌 교과서로 배운 입장에서, 홀리데이는 휴일이라는 뜻도 있지만 어원대로 신성한 날이라는 의미도 진하게 보입니다. 그래서 여전히 종교적인 인사라는 생각이 들긴 하는데요, 그래도 특정 종교의 색채를 좀 완화하는 감은 있어요. 그 정도의 희석을 의도한 거라면 썩 나쁘지 않다는 생각이 듭니다. 가사에 '메리 크리스마스'가 들어가는 캐롤에 희미하게 묻어 있는 어릴 적 추억이 옅어지는 건 아쉽지만, 커트 보니것이 말했듯이, 그렇게 흘러가는 거죠 So it goes. 세월도, 어릴 적 추억도요. 잊힌 기억의 자리에는 새로운 추억이 쌓일 겁니다.

오늘은 영연방에서 '박싱 데이boxing day'라고 부르는 날입니다. 예전에는 성탄 파티를 치르느라 수고해준 사람들에게, 혹은 형편이 어려운 사람들에게 선물하기 위한 것들을 박스에 담는 날이었다고 하더군요. 요즘 식으로는 '언박싱 데이unboxing day'라고 할 수도 있을 겁니다. 저를 포함해 우리나라 노동자 대다수에게는 그저 휴일 후유증을 안고 출근하는 날이기는 합니다. 올해는 일이 많아서 아직 연말 집중 휴가에 들어가지 못했어요. 내일까지 내야 할 연차보고서가 두 개나 있거든요. 어떻게든 잘 마무리해서 다음주에는 밀린 연차를 좀 쏠 수 있기를 바라고 있습니다.

지금으로부터 반세기쯤 전인 1968년 성탄 전야, 아폴로 8호에 타고 있던 우주비행사들은 달 표면 위로 떠오르는 듯한 지구의 사진을 찍었습니다. 최초의 지구돋이Earthrise 사진이죠. 이후 다른 달 탐사선들도 비슷한 구도의 사진을 찍었는데, 아폴로 8호에서 찍은 게 최초입니다. 검고 어두운 우주에 울퉁불퉁하게 펼쳐진 무채색의 땅. 그 위로 파란 바다와 흰 구름, 초록이 무성한 땅으로 알로록달로록한 지구. 보름을 향해 차오르는 듯 살짝 이지러진 지구. 그 사진이요. 마치 지구에 남겨진 수십억 명의 지구인들에게 성탄 선물이라도 한다는 듯이.

사실 그 사진은 옆으로 90도 돌린 겁니다. 아폴로 탐사선은 달 적도 주위를 돌았으니까 달 옆으로 들어갔다가 반대편으로 나왔죠. 달 옆으로 지구가 보였고요. 그렇지만 땅 위로 지구가 떠오르는 것처럼 보이게 돌리자 '지구돋이'라는 이름이 붙었습니다. 제가 자주 하는 농담인데요, 그건 대국민, 아니 대지구인 사기입니다. 달에서는 지구가 뜨지도 지지도 않으니까요. 지구에서는 늘 달의 앞면이 보이듯, 달의 앞면에 사는 사람은 언제나 하늘 한편 같은 자리에 있는 지구를 보게 됩니다. 달 뒷면에서는 지구가 아예 보이지 않습니다. 글쎄요, 서경, 동경 90도 부근에서는 계절이나 달의 칭동에 따라 지구가 지평선 위아래로 들락날락하기는 하겠지만요. 그래도 해돋이가 새로운 희망의 기운을 전해주듯이, 이제 막 떠오르는 듯한 모습으로 희망을 전하고자 했을 아폴로 8호의 지구돋이 사진은 그 자체로 아주 멋진 예술작품입니다.

아폴로 8호는 꽤나 도전적인 임무였어요. 사람을 달 표면에 보냈다가 안전하게 지구로 되돌아오게 한다는 것은 지금 생각해도 아찔한 목표잖아요. 그래서 아폴로 프로그램은 여러 단계의 시험을 거쳐 11호가 되어서야 우주비행사들을 달에 착륙시켰죠. 아폴로 7호까지는 지구 근처에서 시험했고, 아폴로 8호도 그럴 예정이었는데 갑자기 계획을 바꿔 달 궤도까지 갔어요. 불과 4개월 전에 계획을 바꿨다고 하는데, 어쩌면 세 사람의 생명을 건 도박이었을지도 모른다는 생각이 듭니다. 물론 사람을 태워 보낼 때에는 살아 돌아올 거라는, 과학에 근거를 둔 믿음이 없지는 않았겠지만, 지구로부터 38만 킬로미터의 거리, 지구인이 그렇게까지 멀리 떠날 수 있는 걸 타고 그렇게까지 멀리 떠난 건 처음이었으니까요. 제프리 클루거의 책 『인류의 가장 위대한 모험 아폴로 8』에 의하면 한 우주비행사의 가족은 그들이 살아 돌아올 확률이 반반이라는 말을 들었다고 하더군요. 다행히 그들은 살아 돌아왔습니다.

아폴로 8호가 12월 21일에 지구를 떠나 달 궤도까지 다녀오는 동안, 세 우주비행사는 그 작은 탐사선 안에서 성탄절을 보냈습니다. 그들의 여정은 방송을 통해 간헐적으로 생중계되었고, 성탄 전야, 우주비행사들은 성경의 「창세기」를 낭독하며 "메리 크리스마스", 성탄 인사를 전했습니다.

기독교 정신과 미국은 떼려야 뗄 수 없는 관계지만, 우주 탐사에 종교적 색채를 입히는 것이 비난으로부터 자유로울 순 없었습니다. 우주비행사들은 논란이 있을 줄 몰랐을까요? 어쩌면 알았을지도 모릅니다. 그럼에도 불구하고 각자의 신을 통해 어떤 메시지라도 전하고 싶은 마음이었을 거라고, 마침 성탄절이어서 성경을 읽고 성탄 인사를 건네게 되었을 거라고 생각해봅니다. 1968년은 그런 해였으니까요.

프랑스 68혁명, 프라하의 봄, 마틴 루서 킹의 암살과 인종 차별 반대의 물결, 설 연휴에도 공격을 퍼부었던 베트남전쟁과 반전 운동, 그리고 3선 개헌. 1968년은 그런 해였습니다. 그해에 아폴로 프로그램에서는 5, 6, 7, 8호, 네 대의 우주선이 숨가쁘게 발사장과 창공과 바다를 오갔습니다. 너무나도 격렬했던 1968년은 아폴로 8호의 세 우주비행사가 출발할 때부터 시작된 멀미와 복통을 견디며 달 궤도까지 가서 성경을 읽고 자신들을 포함한 지구인 모두에게 신의 가호가 있기를 기원하는 인사를 전한 뒤 무사히 살아 돌아오는 것으로 마무리되었습니다.

 2024년은 어떤 해였나요? 미국은 민간 기업이 만든 달 착륙선을 두 대나 발사했습니다. 한 대는 항행 도중에 문제가 생겨 지구로 되돌아왔고, 한 대는 좀 넘어지긴 했지만 달에 착륙하는 데 성공했습니다. 일본도 달 탐사선을 연착륙시켰어요. 미국, 소련, 중국, 인도에 이어 다섯번째로 달에 연착륙하는 데 성공한 나라가 되었죠. 저희 연구원은 설립 50주년을 맞았고, 우주항공청이 문을 열었어요. 이스라엘과 이란, 러시아와 우크라이나는 여전히 싸우고 있고, 유난히 가슴 아픈 희생자가 많이 나왔습니다. 한강 작가가 노벨문학상을 받았고, 그의 걱정과 우려는 작품 바깥에도 생생히 살아 있습니다. 저는 아폴로 8호와 지구돋이 사진에 대해 생각합니다.

 김영하 작가는 『여행의 이유』에서 시인 아치볼드 매클리시가 아폴로 8호의 지구돋이 사진을 보고 인류를 지구의 승객으로 비유한 것에 대해 이렇게 적었습니다. 이는 "지구라는 작은 행성, 푸르게 빛나는 우주의 오아시스와 우리 서로를, 모든 동식물을, 같은 행성에 탑승한 승객이자 동료로 소중히 여겨야 한다고 암시한 것"이라고. "그 푸른 구슬에서 시인이 바로 인류애를 떠올린 것은 지구라는 행성의 승객인 우리 모두가 오랜 세월 서로에게 보여준 신뢰와 환대 덕분이었을 것"이라고. 그리고 "인류가 한배에 탄 승객이라는 것을 알기 위해 우주선을 타고 달의 뒤편까지 갈 필요는 없을지도 모른다"고요.

우리에겐 아직, 언박싱할 선물이 더 남아 있을 겁니다. 그 선물을 풀어볼 수 있는 날이 꼭 오늘은 아니더라도요.

새해 복 많이 받으세요. 늘 건강하시기를, 하시는 대로 이루어지는 한 해가 되기를 바랍니다.

2부

답장에
답장 보내기

폴리 베르제르 술집의 거울

×

상욱

Happy new year!

저는 1월 1일에는 'Happy new year', 음력설에는 '새해 복 많이 받으세요'를 쓰는 편입니다. 똑같은 새해 인사를 두 번 하기는 싫어서죠. 어차피 지구가 공전궤도를 한 바퀴 돈 것이 1년이고 타원궤도에서 원점이라는 것은 애초에 존재하지도 않으니 과학적으로 별 의미가 없기는 하지만요. 더구나 과학적으로 실체를 알 수 없는 '복福'을 받으라니요. 그래도 인간 사회에 살려면 이런 인사를 해야 한다는 것쯤은 이제 잘 알고 있습니다. 상대가 채경님이니, 새해 첫 편지부터 이런 이야기를 늘어놓을 수 있는 것이죠.

새해 첫 편지에서는 채경님께 제가 좋아하는 미술 이야기를 전하고 싶네요. 저는 『예감은 틀리지 않는다』의 작가 줄리언 반스의 글을 좋아합니다. 그가 쓴 미술 에세이가 있다고 해서 얼른 읽어봤죠. 『줄리언 반스의 아주 사적인 미술 산책』입니다. 반스는 책의 1장에서 제리코의 작품 〈메두사호의 뗏목〉을 해부합니다. 그림이 다루는 서사를 아주 깊이 분석하죠. 이 그림은 1816년 좌초한 메두사호의 뗏목에서 조난 50여 일 동안 150여 명 가운데 열 명만이 생존한 비극적 사건을 소재로 합니다. 그 기간 동안 살아남기 위해 인육까지 먹는 참극이 벌어집니다.

반스는 우선 제리코가 그리지 않은 것들의 목록에서 시작합니다. 뗏목이 조난된 순간, 폭동, 식인 행위, 생존을 위한 살인, 나비의 출현, 구조의 순간 등 이런 재난에서 사람들이 기대하는 것 대부분이 그려지지 않았죠. 그러면 제리코는 무엇을 그리려고 했을까요? 제리코는 이 그림을 그리기 전에 자신을 방해하지 말라는 표시로 머리를 빡빡 깎았다고 합니다. 왜 조난자들은 모두 건강한 모습일까요? 왜 인물은 대부분 뒷모습일까요? 질문도 흥미롭지만, 답을 찾아가는 작가의 지적 여정도 흥미롭습니다. 저도 이런 글을 쓰고 싶다는 생각이 들었습니다. 그래서 에두아르 마네의 그림을 선택했습니다.

<올랭피아>, 1863, 오르세 미술관 소장.

서양미술의 역사에서 마네만큼 논란을 일으킨 화가도 많지 않습니다. 1863년 작품 <올랭피아>는 지금 보면 아무 문제 없는 평범한 누드화입니다. 전라全裸의 여성이 침대에 비스듬히 누워서 한 손으로 몸을 가린 채 정면을 응시하는 모습을 담은 그림이죠. 르네상스시대에 이런 그림의 단골 주인공은 비너스였습니다. 문제는 올랭피아가 비너스가 아니라는 겁니다. 미의 여신인 비너스는 완벽한 미모를 가지고 있습니다. 인간이라고 느껴지지 않을 만큼 아름답습니다. 하지만 올랭피아는 당시 사람들이 보기에 바로 '매춘부'라는 것을 알 수 있었습니다. 더구나 감상자를 응

시하는 올랭피아의 '뻔뻔한' 태도는 보는 사람이 불편함을 느낄 정도였다고 하네요. 원래 그림 속 아무것도 입지 않은 사람은 감상자와 상호작용하지 않습니다. 다른 세계에 살고 있는 신처럼 느껴집니다. 하지만 올랭피아는 바라보는 '나'를 정면으로 응시하며 말을 걸었던 겁니다. 전시회와 매춘의 주요 고객이었던 부르주아 남성에게 말입니다. 마네는 이런 방식으로 과거를 전복하고 현대미술로 나아갑니다. 물론 온갖 비난을 한몸에 받으면서요.

〈폴리 베르제르의 술집〉, 1882, 코톨드 갤러리 소장.

마네의 그림 가운데 특히 제 관심을 끈 것은 〈폴리 베르제르의 술집〉입니다. 마네가 죽기 1년 전 완성했으니 거의 마지막 작품이라고 할 수 있습니다. 폴리 베르제르는 당시 인기 있던 술집입니다. 술만 판 것이 아니라 쇼도 하고 매춘도 이루어지는 장소였습니다. 무엇보다 종업원 뒤에 펼쳐진 술집 풍경이 그림을 압도합니다. 술집이 아니라 웬만한 극장 같습니다. 이 그림에서 특이한 것은 바로 그 풍경입니다. 자세히 보면 종업원 뒤에는 거울이 있다는 것을 알 수 있습니다. 그림 전면에 있는 테이블과 종업원을 제외한 나머지 배경은 모두 거울에 비친 모습인 것이죠. 즉, 그림의 대부분은 화가의 등뒤에 펼쳐져 있었을 풍경입니다.

이제 거울에 비친 풍경을 자세히 살펴보죠. 이상한 점들이 눈에 뜨이기 시작합니다. 그림 오른쪽을 보면 종업원의 뒷모습과 남성이 보입니다. 그런데 각도가 이상합니다. 남성이 저렇게 여성 바로 앞에 있다면 그림 전면에 남성의 뒷모습이 보여야 하지 않을까요? 그런데, 그림에서 왜 남성은 전면에는 없고 거울에만 있을까요? 그림 왼쪽에 있는 술병의 위치도 이상합니다. 실제로 술병들은 테이블의 안쪽, 즉 종업원 쪽에 가까이 있습니다. 하지만 거울에 비친 상을 보면 술병들은 테이블의 바깥쪽, 그러니까 종업원으로부터 먼 곳에 위치합니다.

이에 대해 미셸 푸코는 『마네의 회화』에서 흥미로운 설명을 제시한 바 있습니다. 마네는 전통 회화를 거부하고 현대 회화로 나아간 화가입니다. 푸코에 따르면 마네는 캔버스의 물질성을 드러내려 한 점에서 현대적이라고 합니다. 르네상스 이래 서양의 전통 회화는 2차원 캔버스에 그려진 그림이 3차원의 실재처럼 보이기를 추구합니다. 즉, 그림이라는 가상의 공간이 실제의 공간과 같다는 착각을 하도록 만드는 것이 목표였습니다. 감상자가 그림을 보고 있다는 사실을 눈치채지 못하도록 해야 한다는 겁니다. 하지만 마네는 그의 그림이 2차원 캔버스에 그려졌다는 사실을 의도적으로 드러낸다는 거죠.

〈막시밀리안 황제의 처형〉에서 사형집행 부대원의 총구와 희생자 사이에는 간격이 거의 없습니다. 사실상 총을 가슴에 대고 쏘는 듯합니다. 더구나 배경은 뜬금없이 벽으로 막혀 있어 공간감이 전혀 느껴지지 않습니다. 여기는 3차원 공간이 아니라고 말하는 듯합니다. 또 마네의 그림은 등장인물들의 시선이 이상한 경우가 많습니다. 〈철로〉를 보

〈막시밀리안 황제의 처형〉, 1868~1869, 만하임 미술관 소장.

〈철로〉, 1872~1873, 워싱턴 국립미술관 소장.

면 성숙한 여인이 우리 쪽을 쳐다봅니다. 그녀가 무엇을 보고 있는지 알 수 없죠. 여자아이는 등을 보이고 있습니다. 우리는 여자아이가 무엇을 보는지도 알 수 없습니다. 시선만 있고 보는 대상이 없다는 겁니다. 전통 회화에서 등장인물의 시선은 그림의 주제를 드러냅니다. 더구나 이렇게 시선이 그림의 앞과 뒤를 향하는 것은 캔버스의 앞면과 뒷면을 나타낸다고 푸코는 주장합니다. "당신이 보는 그림에는 뒷면이 있어. 이건 캔버스라고." 이렇게 말하고 있다는 거죠.

푸코는 〈폴리 베르제르의 술집〉에서 감상자의 위치에 대해 이야기합니다. 고전 회화에서는 이상적인 감상자가 있다는 전제하에 그림이 그려집니다. 대개 감상자는 그림에서 1미터 정도 떨어진 정중앙에 위치합니다. 하지만 이 그림에서 감상자는 화가의 위치를 생각하며 혼란에 빠집니다. 화가는 종업원을 정면으로 바라봐야 할 것 같은데, 그렇다면 거울에 비친 종업원과 남성의 모습을 설명하기 힘듭니다. 결국 감상자는 이 그림을 제대로 감상할 수 있는 위치란 없다는 것을 깨닫게 됩니다. 왜냐하면 이 그림은 실재가 아니기 때문이죠. 푸코의 해석에 동의하시나요?

〈폴리 베르제르의 술집〉 습작, 1881, 개인 소장.

미술사학자인 티에리 드 뒤브는 「마네는 어떻게 〈폴리 베르제르의 술집〉을 구성했는가」라는 글에서 다른 해석을 제시합니다. 〈폴리 베르제르의 술집〉을 그리기 위한 마네의 습작이 남아 있는데, 여기에서는 종업원이 비스듬히 옆을 바라보고 있습니다. 테이블 앞이 아니라 옆에 있는 (그래서 그림에 나타나지 않아도 되는) 남성은 종업원과 얼굴을 마주볼 수 있고, 거울의 상도 자연스럽습니다. 그런데 마네는 이 습작을 바탕으로 〈폴리 베르제르의 술집〉을 그리면서 종업원의 얼굴이 정면을 향하도록 바꾼 겁니다. 여기에는 무슨 이유가 있겠죠. 이렇게 하는 순간 거울에 비친 모습과 모순이 생깁니다.

드 뒤브는 〈폴리 베르제르의 술집〉의 엑스선 사진을 증거로 제시합니다. 유화는 그림 위에 색을 덧칠할 수 있습니다. 화가가 그림을 그리는 과정에서 마음이 변하면 이전 그림을 무시하고 그 위에 추가로 물감을 덧칠하여 수정하는 것이 가능하다는 뜻입니다. 덧칠한 부분이 있다면 엑스선으로 그 흔적을 볼 수 있죠. 〈폴리 베르제르의 술집〉에 엑스선을 비추자 최초의 종업원은 습작처럼 옆을 향하게 그려진 것으로 추정되었습니다. 더 흥미로운 것은 거울에 나타난 종업원의 모습은 여러 차례 다시 그린 것으로 보인다는 겁니다. 거울에서 남성의 위치는 그대로인데, 종업원의 위치는 점점 남성 쪽으로 이동합니다.

드 뒤브는 마네가 실제 자기 집에 거울을 설치하고 거울을 돌려가며 작업을 했다고 합니다만, 사실이야 알 수 없죠. 정리하면, 마네는 푸코의 주장처럼 감상자의 위치를 모호하게 만들려고 한 것이 아니라 종업원의 얼굴을 억지로 정면으로 향하게 하고 거울상은 대충 끼워맞췄다는 주장입니다. 그렇다면 이제 남은 질문은 마네는 왜 종업원이 정면을 바라보길 원했을까 하는 겁니다. 자기 인생의 마지막 작품에서 말이죠.

저도 그림을 이리저리 보면서 제 나름의 추측을 해봤습니다. 인터넷도 뒤져보고요. 그러다가 맬컴 박Malcolm Park의 뉴사우스웨일스대학 박사학위 논문을 발견했습니다.

박은 완전히 다른 설명을 내놓습니다. 아직 고려하지 않은 그림의 왼쪽에 있는 거울 속 술병들의 위치 문제를 생각해보죠. 드 뒤브처럼 종업원의 모습에 대해서 이런저런 해석을 하는 것은 이해할 수 있습니다. 종업원의 시선은 이 그림에서 중요한 문제니까요. 하지만 거울 속 술병의 위치까지 굳이 바꿀 이유가 있을까요? 술병의 위치를 변경해서 얻을 수 있는 의미가 무엇일까요? 혹시 술병들은 제대로 그려진 것이 아닐까요? 그렇다면 술병이 저렇게 보일 수 있는 또다른 가능성은 없을까요?

박은 192쪽 도면과 같은 상황을 제시하고 실물로 상황을 재현하여 <폴리 베르제르의 술집>과 같은 구도가 나올

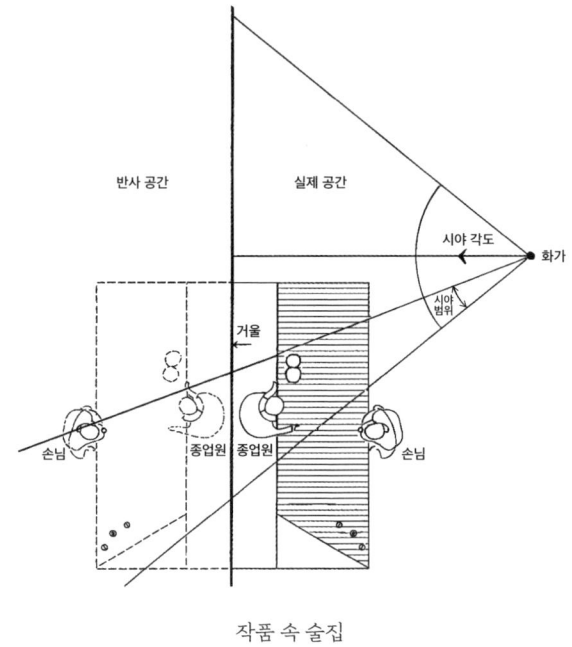

작품 속 술집

수 있음을 보입니다. 즉, 마네는 본 대로 그린 겁니다. 이 설명에서 종업원과 남성은 시선이 엇갈린 채 서로 반대 방향을 보고 있습니다. 〈철로〉에 나오는 여인과 여자아이의 경우와 비슷합니다. 거울 속에 보이는 두 남녀의 시선은 사실 어긋나 있었던 것이죠. 종업원은 남성 고객이 아니라 자신을 비스듬한 각도로 바라보는 화가를 정면으로 쳐다보고 있습니다. 올랭피아처럼 '뻔뻔하게'가 아니라, 지쳐서

넋이 나간 표정으로요.

폴리 베르제르의 술집을 즐겨 찾던 마네는 이때 매독 말기의 끔찍한 고통 속에서 죽어가는 중이었습니다. 종업원의 눈을 통해 죽어가는 자신을 바라보고 있었는지도 모르겠습니다. 비록 실제 세상에서는 남성과 종업원의 시선이 어긋나 있지만, 거울 속 세상에서는 마주보며 대화를 나누고 있습니다. 마네는 종업원과 시선을 나누는 거울 속 세상에라도 가고 싶었던 걸까요? 하지만 시선의 어긋남은 이렇게 말하고 있는지도 모르죠. "정신 차려! 이건 캔버스라고!"

2024년 7월 26일 오전 10시 영국 런던의 코톨드 갤러리를 방문했습니다. 〈폴리 베르제르의 술집〉을 만나기 위해서였죠. 그림이 생각보다 작더군요. 이 그림을 두고 많은 생각을 해서 그런지 전혀 낯설지 않았습니다. 한참을 들여다볼 줄 알았는데, 사진 한 장 찍고 금방 지나쳤습니다. 우리는 이미 많은 것을 나눈 사이니까요.

지울 수 있는 흔적만

×

채경

새해 '복'이 시작되는 기분을 만끽하고 계신가요? 혹시 그렇지 않더라도 올해는 이제 막 시작이니 두고 볼 일입니다. 새해 복 많이 받으라는 인사는 독특하고 재밌는 표현입니다. 알파벳 언어권에서는 주로 새해에 상대방에게 행복이나 행운, 신의 가호나 축복이 있기를 기원합니다. 일본에서는 새로운 해가 열린 것을 축하하고, 중국어권에서는 새해에 즐겁기를, 돈 많이 벌기를 기원합니다. 동아시아 문화권에는 공통적인 정서가 흐르기는 하지만, 유독 우리는 새해에 행복이나 행운이 아닌 '복'을 빌어줍니다. 말씀하신 대로 '복'을 과학적으로 엄밀히 정의하기는 어렵지만 문화와 사회와 사람과 역사, 그리고 오랜 기간 지속되어 온 전통적 가치의 언어로는 보다 쉽게 정의할 수 있을 겁니다. 저는 연말에 좀 큰 실수를 하나 했지만 '액땜'했다고 치면서 새해를 맞아보는 중입니다. 장기하와 얼굴들의 곡 〈새해 복〉에 의하면, 새해 복만으로는 안 됩니다. 제가 잘해야죠. 그러면 역설적이게도 새해 복만으로도 된다고 합니다.

  토정비결을 보시나요? MBTI도 안 좋아하시고 별자리 운세도 안 믿으시니까 관심 없으시리라 짐작합니다. 저는 매년 한 번은 봅니다. 연말에 내년의 토정비결을 보는데요, 심적으로 괴로운 해일수록 토정비결을 보는 시기가 일러진다는 걸 언제부턴가 알게 됐습니다. 어떤 해에는 가을부터, 심지어는 여름부터 마음이 동합니다. 혹시 토정 이지함 선생이 미래는 현재보다 더 나을 것이라고 점쳐주진 않을까 하며 거기에라도 기대보는 거죠. 희망이 있다는 건 좋은 거니까요. 하지만 꾹 참습니다. 적어도 늦가을까지는 참아봅니다. 혹시 내년 운세에 좋은 말 비율이 낮을지도 모르는데 희망은 남겨놔야 하니까요. 눈치채셨나요? 저는 토정비결에서 불길한 예언은 지워버리고 희망과 응원과 격려만 남깁니다. 그리고 그 희망과 응원과 격려를 스스로에게 마음속으로 한 번 읽어줍니다.

상욱님은 책 읽을 때 '빨간펜 선생님'이 되시더군요. 첨삭을 위해서가 아니라 줄을 긋기 위해서요. 늘 책과 함께 빨간 (볼)펜을 가지고 다니시는 걸 압니다. 메모도 하시는지는 잘 모르겠습니다. 저는 책을 읽을 때 아무런 흔적도 남기지 않는 걸 선호합니다. 표면적인 이유는 중고책방에 팔 때를 대비해서입니다. 책을 사랑하지만 책이 부동산의 문제가 되는 것은 원치 않기 때문에(집에 더이상 책을 둘 데가 없다는 뜻입니다) 한 번씩 처분해야 합니다. 그런데 차마 버리지는 못해요. 책을 버린다는 것은, 누구 돈으로 샀고 어떻게 구했든 간에 가슴 아픈 일입니다. 책을 방바닥에 마구 늘어놓는 건 괜찮지만 그 책을 밟으면 혼나는 집에서 자라서일까요? 그래서 중고책방에 보내는 걸 선택하는데요, 그나마도 아끼고 아끼다 정말 이제는 내놓아야지 마음먹었을 때는 이미 출간된 지 너무 오래여서 중고책방에서도 환영하지 않더군요. 칸트는 청혼을 받고 매우 오랜 고민 끝에 승낙했는데 이미 상대방은 기다리다 포기하고 다른 사람과 결혼해 세 아이를 두었다고 하던가요.

그래도 책에 표시를 해야 할 때가 있습니다. 저는 자료 조사를 위해 중요한 대목이나 기억하고 싶은 부분, 혹은 오역으로 추정되는 단어나 오타를 발견하면 포스트잇이나 포스트잇 플래그 같은 걸 붙이곤 했습니다. 쓰고 싶은 게 있다면 책이 아니라 포스트잇을 붙이고 그 위에다가 쓰죠. 질 좋은 제품을 사용하면 나중에 떼어낸 자국이 남지 않아요.

표면적이지 않은 이유는, 주변에 책 좋아하는 사람이 늘 있어서였다고 생각합니다. 책이란 나눠 읽고 바꿔 읽고 빌려 읽고 슬쩍 가져다가 읽는 그런 것이기 때문에 개인적인 감상은 남기고 싶지 않았어요. 혹시 누가 그걸 보고 비웃을까 싶기도 해서요. 그게 누구겠어요? 가장 빈번한 것은 가족입니다. 책을 스스럼없이 바꿔 읽는 책벌레 친구들이기도 하고요. 하지만 대부분은 저 자신입니다. 어릴 때의 저 자신을 비웃는, 하루라도 나이를 좀더 먹은 저죠. 몇 달, 몇 년 사이에 생각이 바뀐 접니다. 책에 아무 흔적도 안 남기고 싶은, 표면 아래 깊이 들어가야 보이는 진짜 이유는 저 자신에게 잘 보이고 싶어서입니다.

언젠가 수년 전 제가 어떤 책의 속표지에 적어둔 메모를 봤습니다. 막 완독하고 난 뒤였는지 감성과 허세가 흘러넘치는 메모였습니다. '뭐야, 이건!' 하면서 낯뜨거웠죠. 속

표지만 티 안 나게 잘라낼까 고민도 했습니다. 그뒤로 책에 감상평을 쓰지 않습니다. 어우, 그러는 거 아니에요. (하하) 책에 직접 적을 때도 있었습니다. 뭘 조사하다가 너무 많이 표시하고 적어서 책 내용이 가려지기도 하고, 글씨를 틀려서 죽죽, 두 줄 긋거나 까만 네모로 칠해버리기도 했는데 어느 날 보니 그게 참 거슬리더군요. 그래서 흔적을 남기지 않기 위해 떼어낼 수 있는 걸 붙이기 시작했습니다. 종이에서 1밀리미터 정도만 삐져나오게 붙입니다. 아주 그냥 색색깔로 실컷 붙이면서 책 한 권을 읽고 나면 옆면에 잔뜩 포스트잇 플래그가 붙어 있는 게 괜스레 뿌듯하기도 했습니다. 우습죠? 스스로 잘 읽었으면 됐지, 뭘 그렇게 성과를 가시화해야 하는가 말입니다. 저는 책에 같잖은(!) 조각 글을 남겨놓는 건 별로지만, 포스트잇이 잔뜩 붙어 있는, '읽어낸' 흔적을 남기는 정도의 같잖음은 쉽게 용인하는 모양입니다. 물론 저 자신에 한해서입니다. 다른 사람이 다른 방식으로 남긴 독서의 흔적을 보는 것은 또다른 종류의 독서니까요.

 빨간 펜으로 줄을 그으며 책을 읽는 상욱님과, 언제든 복구할 수 있을 만큼의 흔적만 남기는 저. 우리는 그 차이를 두고 이런 이야기를 나눈 적이 있어요. 상욱님은 첫째로, 저는 막내로 자라서 그런 습관이 생겼을 수도 있다고요. 저는 제 책이라는 걸 가져본 적이 별로 없는 채로 자라서요. 물론 성급한 판단을 내려서는 안 됩니다. 이 두 경우에 대해 샘플은 각각 한 사람뿐이고, 우리 각자가 대한민국의, 아니 지구상의 독서인 중 모든 첫째와 막내를 대표할 수는 없으니까요. 교과서 밖의 인생에는 수많은 다른 변인이 존재하고요. 서로의 가족관계 차이, 책을 구하거나 얻는 과정, 독서의 상황 등등.

요즘엔 책에 줄을 좍좍 그으며 읽고 있습니다. 감성 넘치는 메모는 책이 아닌 다른 곳에 적으면 되고, 어차피 제가 책을 내놓는 시기는 중고책방도 고개를 내저을 만큼 상품성이 떨어진 뒤여서 결국 버리기 마련입니다. 줄도 긋고 메모도 실컷 하며 책과 부대끼면서 책을 온전히 흡수하는 게 더 재밌긴 하죠. 지울 수 있는 흔적만 남기려고 애쓰는 게 좀 답답할 때가 있습니다. 메모를 하다보면 생각 외로 포스트잇이 너무 좁을 때도 있고요, 플래그는 어느 줄인지만 표시할 수 있기 때문에 그 줄의 어느 단어 때문에 표시한 건지 빠르게 검토하기가 어려워서 자료 조사 속도를 늦춥니다.

사실 흔적 없애기를 완전히 포기하진 못했어요. 대신 지워지는 펜으로 타협을 했답니다. 수학 선생님처럼 줄도 똑바로 원도 동그랗게 그릴 수 있다면 좋겠지만 저는 그런 솜씨가 없어서, 줄이 너무 삐뚤게 그어지면 좀 지우고 싶거든요. 감성이 너무 넘치거나 지식이 너무 하찮은 상태로 메모를 좀 적었다가 몇 장 더 읽다가 돌아와서 지우거나 고치기도 하고요.

제가 저질렀던 크고 작은 잘못도, 제게 상처를 줬던 누군가의 무례한 언사나 성급하게 내린 '납작한' 판단도, 그 상처도, 멀고 가까운 역사에 새겨진 일들도, 그렇게 지울 수 있다면 얼마나 좋을까요? 메모지에 몇 가지 단어를 적어봅니다. 그리고 쓱쓱, 지워봅니다. 필압의 흔적은 남겠지만. 쓱쓱. 지워버리고 싶은 일은 애초에 하지 않는 게 정답이겠지만. 쓱쓱. 어디 그게 생각대로 되나요. 쓱쓱.

미신, 습관, 흔적

×

상욱

토정비결을 보신다는 말씀에 깜짝 놀랐습니다. 예상하신 것처럼 저는 토정비결은 말할 것도 없고 MBTI조차 관심이 없거든요. MBTI는 그나마 자신이 생각하는 자신의 모습을 말해주는 것이라 의미가 전혀 없다고는 할 수 없죠. 토정비결은, 저도 자세히 알지는 못하지만, 태어난 날짜와 시간으로 미래를 예측하는 거라고 하더군요. 물체의 초기조건으로 운동 궤적을 찾는 물리학과 비슷한 개념인 것 같네요. 하지만 원자 하나의 운동을 예측하는 것도 쉽지 않은데, 10,000,000,000,000,000,000,000,000,000개 정도의 원자로 이루어진 인간의 미래를 초기조건, 그것도 시간만 가지고 어떻게 예측할 수 있는지 물리학자로서 이해하기 힘듭니다.

 채경님도 토정비결을 진지하게 믿으시는 것은 당연히

아닐 것이고, 스스로에게 희망을 주기 위해 보신다고 하셨죠. 채경님이 저보다 인간적이라는 생각이 듭니다. 저는 과학자의 자세를 지켜야 한다는 강박 아닌 강박 때문에, 희망을 줄지도 모를 재미있는 기회를 놓치는 것은 아닌지 돌아보게 됩니다. 토정비결 좀 본다고 과학자의 태도를 저버리는 것은 아니잖아요. MBTI 테스트해보고 사람들과 이야기 나눈다고 사이비 과학자가 되는 것도 아닐 거고요. 아마 우리 사회에 만연한 미신, 주술 풍조를 생각할 때 한 치의 빈틈도 보일 수 없다는 경각심이 저를 이렇게 만드는지 모르겠습니다. 새해에는 저도 좀 느슨하게 살아보면 어떨까 하는 생각도 듭니다. 그렇다고 당장 토정비결을 보러 가지는 못할 거 같아요. 어색해서요.

많은 미신이 하늘과 관련이 있습니다. 사주팔자만 해도 태어난 연월일시로 기술되는 시간에 특별한 의미를 부여한 것이죠. 하지만 물리학이 우주에 대해 알려준 첫 번째 사실은 연월일시 같은 숫자에 아무런 의미가 없다는 겁니다. 1년은 지구의 공전 때문에 생기는 것인데, 공전주기는 태양계 내 지구의 위치 때문에 우연히 정해진 것이죠.

수성은 88일, 금성은 224.7일, 지구는 365.26일, 화성은 687일로 제각각입니다. 1개월은 사실 어처구니없는 개념인지 모릅니다. 지구는 위성이 달 하나뿐이지만 화성은 두 개, 목성은 95개, 토성은 274개나 있잖아요. 다른 행성에서는 대체 어느 위성을 기준으로 1개월을 정해야 할까요?

1일은 자전주기인데, 이거야말로 정말 제멋대로입니다. 지구는 하루가 24시간이지만, 금성은 5,832시간, 목성은 10시간 정도 되죠. 금성에 사는 사람은 해뜰 때 출근하면 지구 시간으로 81일 동안 근무해야 비로소 해가 져서 퇴근할 수 있습니다. 지구인이 금성으로 이주하면 금성의 하루가 지나기도 전에 과로사할 겁니다. 더구나 연월일은 공전, 자전 운동에서 왔기 때문에 그 시작점을 임의로 잡을 수 있습니다. 시작점을 바꾸면 오늘이 2025년 1월 16일이 아니라 1982년 8월 25일일 수도 있는 것이죠.

사주팔자를 해석할 때 사용하는 음양오행이라는 개념도 하늘에서 온 것입니다. 하늘의 별들을 맨눈으로 관찰해 보면, 모든 별들이 북극성을 중심으로 회전하는데 일곱 개의 천체만 제멋대로 움직이는 것을 알 수 있습니다. 바로 태양, 달, 화성, 수성, 목성, 금성, 토성이에요. 우리에게 익숙한 '일월화수목금토'입니다. 동아시아에서 '음양오행'이라고 부르는 것이죠. 다른 별들은 너무 멀리 있어 그 별의 운동을 지구에서 느끼기 힘듭니다. 지구의 자전으로 인한 원운동이 보일 뿐이죠. 일곱 개의 천체는 태양계 내에 있어 가까우므로 그들의 고유한 운동을 볼 수 있습니다. 그래서 제멋대로 움직이는 것으로 보입니다. 망원경이 발명되자 태양계 행성에 천왕성과 해왕성이 추가됩니다. 1주를 '일월화수목금토천해'라고 9일로 바꾸고 '음양칠행설'을 만들어야 할까요? 명왕성 퇴출에 반대하는 사람은 '음양팔행설'을 만들어야 한다고 주장할지도 모릅니다. 결국 음양오행도 인간이 만든 겁니다.

채경님이 천문학자라는 것을 알면서도 이런 이야기를 하는 것은 지금도 많은 사람들이 미신과 무속을 진지하게 고려하고 있는 것 같아서입니다. 저나 채경님 모두 과학을 대중에게 알리는 일을 하고 있습니다. 첨단 과학을 소개하고 과학의 경이로움을 전하며 과학기술이 가진 위험을 사람들과 함께 고민하는 일이죠. 하지만, 요즘 세상 돌아가는 모습을 보면 우리가 미신과 무속에 따라 중요한 결정을 내리는 비과학적 태도를 극복했는지 의심이 들고는 합니다. 재미삼아 미신을 체험해보는 것이야 상관없습니다. 하지만 사회의 지도층 인사들이 미신과 무속에 따라 정책을 결정하고 있는지도 모른다는 뉴스를 보면, 아직 우리는 서양의 근대 계몽주의조차 제대로 소화하지 못한 것이 아닌가 하는 생각에 조금 우울합니다.

미신까지는 아니지만, 저에게는 강박 같은 습관이 있습니다. 지난 편지에서 말씀하신 빨간 펜입니다. 책의 중요한 문장에 줄을 긋기 위해서 필요한 것이죠. 하지만 빨간 펜이 없으면 책을 읽기 힘든 정도니 강박이라고 할 수 있습니다. 제가 있는 곳에는 항상 빨간 펜이 있습니다. 집이나 학교에 한 다스씩 있는 것은 물론이고, 모든 가방에 여분의 빨간 펜이 들어 있죠. 가방에 빨간 펜이 이미 있는데도 자꾸 더 집어넣곤 하니 일고여덟 개가 들어 있기도 합니다. 한번은 공항 보안검색을 받다가 왜 이렇게 볼펜이 많냐는 질문을 받은 적도 있었죠.

더구나 저는 미쓰비시 유니볼 시그노 UM-151 0.38밀리미터 빨간 펜만 사용합니다. 그래서 이 제품이 단종되면 어떻게 하나 걱정한 적도 있습니다. 만약 제품이 단종된다는 소식이 들리면, 6백 개 정도를 한꺼번에 사면 되겠더라고요. 보통 한 달에 한 개면 충분하고 최대 50년 더 산다고 하면 대략 6백 개가 필요하니까요. 시간이 오래 지나면 볼펜 잉크가 굳을 수 있는데, 이것은 화학적으로 해결할 방법을 찾아보면 되겠죠. 이렇게 생각하자 마음이 한결 가벼워지더군요.

빨간 펜으로 줄을 긋는 것은 우선 내용에 몰입하기 위해서입니다. 중요하다고 생각되는 문장에 줄을 치려면 적어도 중요한 것을 찾아낼 정도의 집중력으로 책을 읽어야겠죠. 졸음이 올 때 책을 읽는 경우도 있는데, 이때 책은 깨끗하더라고요. 제가 잘 모르는 내용이거나, 그냥 재미있는 내용이거나, 나중에 책을 다시 읽을 때 줄 친 문장들만 보면 책 내용이 파악되는 핵심 문장에 줄을 칩니다. 줄 친 문장이 나중에 기억도 잘 나는 것 같아요.

채경님 말씀처럼 줄을 긋는 것은 저와 교감을 나눈 책에 흔적을 남기는 행위인지도 모릅니다. 우리는 살아가며 세상에 흔적을 남깁니다. 내가 스쳐지나간 곳에는 나의 흔적이 남습니다. 이런 이야기를 하면 문학적인 표현이라고 생각하는 사람이 많습니다. 내가 손댄 책과 그렇지 않은 책에 물리적으로 무슨 차이가 있겠냐는 거죠. 이것은 의외로 심오한 물리학적 질문입니다. 여기 채경님의 책 『천문학자는 별을 보지 않는다』 두 권이 있다고 해보죠. 쇄가 같다면 책에 인쇄된 모든 내용이 똑같을 겁니다. 그렇다면 이 두 책을 구분하는 것이 불가능할까요?

물리학자는 두 책을 구분하는 것이 가능하다고 할 겁니다. 완전히 똑같이 인쇄할 수 없기 때문입니다. 『천문학자는 별을 보지 않는다』 103쪽 셋째 줄의 마침표를 현미경으로 확대해서 비교해보면 그 크기가 다를 수 있다는 뜻이죠. 마침표의 지름이 대략 0.4밀리미터라고 하면 지름 위에 원자 40만 개 정도를 늘어세울 수 있습니다. 첫번째 책의 마침표 지름에 원자가 399,890개, 두번째 책의 경우에 399,998개가 있다면, 육안으로는 차이를 알 수 없겠지만 두 마침표는 물리적으로 다른 거죠. 마침표 하나만 봐도 이런데, 책에 있는 모든 문자를 비교하면 똑같다는 것이 오히려 기적일 겁니다.

그렇다면 책은 포기하고, 두 개의 마침표만이라도 똑같이 만드는 것이 가능할지 생각해보죠. 마침표를 구성하는 원자 개수를 똑같이 하면 될까요? 잉크는 주로 석유에서

추출한 유기물로 구성되어 있습니다. 복잡한 화합물이죠. 원자의 개수가 같아도 이들이 배열되는 과정에서 약간의 결함이 생기거나 위치가 조금 바뀔 수 있습니다. 참고로 마침표를 이루는 원자의 개수는 대략 1천억 개쯤 됩니다. 원자 수준에서 똑같은 마침표를 만들기는 거의 불가능합니다.

이제 미친 물리학자 모드가 되어보죠. 원자를 하나씩 제어할 수 있는 STM(주사터널링현미경)이라는 장치가 있습니다. 이걸로 원자를 하나씩 이어붙여서 마침표를 만들어보면 어떨까요? 지금 기술력으로 거의 불가능한 일입니다만, 할 수 있다고 가정해보죠. 이제 원자 수준에서 구조가 완전히 똑같습니다. 하지만 안타깝게도 여전히 두 마침표는 다릅니다. 동위원소가 있기 때문이죠. 동위원소란 원자번호는 같지만 무게만 다른 원소입니다. 마침표를 이루는 어떤 원자가 탄소라면 하나는 무거운 탄소, 다른 것은 가벼운 탄소일 수 있다는 뜻입니다. 1천억 개의 원자에서 이런 가능성을 모두 고려해야 합니다.

동위원소까지 모두 고려하여 같게 만들면 어떻겠냐고요? 너무 좋은 질문입니다. 하지만 여전히 다를 수 있습니다. 원자들이 가지는 양자상태가 완전히 같지 않을 수 있기 때문입니다. 개별 원자의 여기상태뿐만 아니라 원자들의 집단이 만드는 양자상태도 외부의 자극에 따라 달라질 수 있기 때문이죠. 책을 만지면 책을 이루는 원자들의 개수, 배열, 양자상태에 변화가 생깁니다. 사실 가만히 있어도 우리 몸에서는 원자들이 떨어져나가고 있죠. 결론은 우리 손을 스쳐지나간 모든 물체에 우리는 물리적으로 흔적을 남긴다는 겁니다. 물론 그 흔적을 우리는 종종 인식할 수 없죠.

손으로 만지면 물리적 흔적이 남습니다. 그래서 김소연 시인은 『마음사전』에서 "손만이 할 수 있는 가장 어여쁜 역할은 누군가를 어루만지는 것이다"라고 했는지 모릅니다. 상대를 어루만지면 나의 체온과 감정을 전달할 뿐 아니라 물리적 흔적을 남기고 있는 것이니까요. 인간은 알 수 없지만 우주는 알 수 있는 흔적을 말이죠.

어느 쪽이든
옳은 선택입니다

×

채경

상욱님의 말씀을 듣고 곰곰이 생각해보았습니다. 제가 미신을 믿는지 아닌지에 대해서요. '저도 미신은 안 믿어요'라고 적었다가 지웠어요. 아닐 수도 있겠다는 생각이 들었거든요. 지워지는 펜은 아니지만 컴퓨터에 적었으니 쉽게 지웠습니다. 지워지는 펜은 사실 흔적을 조금은 남깁니다. 컴퓨터는 제가 방금 글을 적었다 지운 공간을 사용 가능한 공간으로 분류하고 보이지 않는 흔적을 남겨놓았을 겁니다. 저는 ctrl+z 키를 누르지는 않았고, 아마 그 문장은 제 컴퓨터의 램에 잠시 머물렀다가 제가 종료 버튼을 누를 때 휘발될 것입니다.

일단 토정비결을 1년에 한 번씩 꾸준히 보아왔고, 제 책상에는 3년 전 포춘쿠키에서 나온 쪽지가 붙어 있습니다.

쪽지에는 이렇게 쓰여 있습니다.

"새해에는 너무 고민하지 않아도 됩니다. 잘하는 일과 하고 싶은 일 사이에서 갈등하지만 선택의 대운이 있으니 어느 쪽을 선택하든 옳은 선택입니다."

아, 다시 읽어봐도 역시 마음에 듭니다. 3년이나 된 줄을 아는 까닭은 제가 그 아래에 날짜를 적어두었기 때문입니다. 2022년 1월 8일. 구글 달력을 되짚어보니 그날은 토요일이었고, 저는 서울에 갔습니다. '안 서울'에 사는 사람답게, 상경하는 김에 세 건의 일정을 소화했군요. 그중 첫번째 장소가 중국집이었는데, 거기서 받은 포춘쿠키를 쪼개어보고는 마음에 들어서 지갑에 넣었던 모양입니다. 축복과 응원과 격려의 메시지가 아니었다면 아마 식탁 위에 두고 왔을 겁니다. 저 글귀는 2025년에도 유효합니다. 제가 뭘 해야 할지, 뭘 잘할 수 있을지 너무 고민되는 게 있다면, 때로는 과감하게 추진해보겠습니다, 올해도.

모든 게 합리적으로, 과학적으로, 논리적으로 추진된다면 얼마나 명확하겠습니까마는 실상은 그렇지가 않습니다. ChatGPT에 점성술GPT가 있다는 걸 아시나요? 사주팔자GPT, 운수GPT도 있습니다. AI의 습격에 위기를 맞은 직업군에 점술가도 있었던 겁니다. 물론 '신점'을 보는 사람은 다소 안전해 보입니다만, 명리학을 공부하고 운세 '풀이'를 하는 경우라면 그건 AI도 할 수 있는 거죠. 왜 아니겠습니까? AI는 통계에 기반을 두고, 사주팔자, 점성술, MBTI도 비슷합니다. 모집단이 정제되어 있지 않고 풀이법이 하나가 아니어서 그렇지, 아주 오랜 시간 동안(MBTI는 비교적 짧은 기간이지만) 무척 많은 사람들의 삶을 통찰한 결과라고 볼 수 있습니다. 유효한 통찰인가 하는 것은 별도의 판단이 필요하지만요. 심지어 본인과 우주 사이의 문제만 다루는 것이 아니라 가족이나 주변 사람과의 관계까지, n개의 대상과 주고받는 영향을 모두 고려하는 유사 n체문제입니다. 빛의 속도로 스쳐가며 얼핏 보면 그렇다는 말입니다.

물론 본인과 우주와의 관계부터 틀렸다는 지적에 공감합니다. 토성 너머에도 행성이 있는 줄을 모르고 토성의 영향까지만 고려하다니, 너무 근사近思했습니다. 때로는 눈에 보이는 수성, 화성보다 망원경으로만 보이는 천왕성, 해왕성이 지구를 밀고 당기는 힘이 더 크단 말입니다. 눈에 보이는 행성들의 가치만 더 높게 쳐주다니요. 우주라면 그래서는 안 되는 거 아닌가요? 잘 보이지 않는 존재도 보듬어주고 아껴주고 그 영향력을 제대로 평가해줘야 하는 게 아니냐 말입니다.

인공지능의 시대에도 자연물을 운명적으로 해석하고자 한다니, 재밌습니다. 인간은 왜 이리 제 몸 밖에 있는 것에 마음을 의탁하려 하는 것일까요? 선택이 두려워서일 겁니다. 어느 쪽도 놓치기 싫은 것을 양손에 들면 어느 쪽을 취하고 버릴지 선택하기 어렵고, 무얼 할까 말까 고민할 때 어느 쪽이 좋은 결과를 가져올지 확신이 들지 않아서 그럴 겁니다. 사르트르는 "인생이란 B와 D 사이의 C다"라는 멋진 말을 했다고 합니다. 지위 고하를 막론하고 우리는 태어남Birth부터 죽음Death에 이르기까지 수많은 선택 Choices을 하며 살아가는데, 어느 것 하나 쉬이 결정할 수 있는 게 없습니다.

그런데 있잖아요, 장폴 사르트르는 프랑스에서 나고 자라 프랑스어권에서 살고 가르쳤습니다. 그렇다면 사르트르에게 인생은 N Naissance과 M Mort 사이의 C Choix투성이 아닐까요? 그런데 C는 N과 M 사이에 있지 않습니다. 사르트르가 영어를 잘했을 수는 있지만, 철학자가 삶에 관한 명징한 메시지를 모국어가 아닌 언어로 전했다고 생각하면 좀 어색합니다. 그리고 그의 작품은 대부분 프랑스어로 쓰였습니다. 그렇다면 인생의 B, C, D를 논한 사람은 대체 누구일까요?

우리는 가끔 사르트르가 됩니다. 내가 그런 말을 한 적이 없는데, 남들은 내가 그랬다고 합니다. 하지도 않은 말과 행동으로 어처구니없이 비난당하거나 허황되게 추켜세워지기도 합니다. 사실 내가 그런 건 아닌데 평판에 도움이 될 것 같으면 어색하게 웃어봅니다. 뭘 쑥스러워하고 그래, 사람이 겸손하기까지 하다니까, 하면서 더욱 추앙받습니다. 아닌 줄 알면서도 '혹시 내가 진짜 그랬나?' 하고 생각해보기도 합니다.

부적절한 오해는 더 자주 일어납니다. 얼마 전, 미국에 있는 공동 연구자와 메일을 주고받았어요. 몇 년 전엔 함께 논문도 쓰고 했지만, 제가 팀을 옮기면서 연락이 좀 뜸해진 사이입니다. 한창 같이 일할 때 그분은 제가 쓴 영어 표현이 틀렸다고 노골적으로 지적한다든지, 학회장에서 제가 늦은 것도 아닌데 "이제야 왔구나" 같은 말을 해서 '뭐야' 싶을 때가 있었어요. 그래서 외신에 연달아 크게 보도된 우리나라의 사건 사고 때문에 연거푸 제 안부를 물어왔을 때, 혹시 저이가 한국을 내려다보는 건 아닐까 하는 불손한 생각이 들었습니다. 그래서 저는 괜찮다고, 걱정해줘서 고맙다고 답을 보내면서 우리 사회의 회복탄력성을 강조했어요. 왠지 변명하는 기분이 들었습니다.

저의 불손한 걱정이 무색하게도 그분의 답장엔 이런 말이 적혀 있었어요. 나쁜 일이 있을 때면 서로 소식을 주고받자고요. 그러면서 자신의 가족 소식과 연구 소식을 하나씩 전해주었습니다. 이렇게 다정한 말을 하는 사람이었다니. 상대방을 평가절하하고 요상한 편견으로 바라본 건 오히려 저였더군요. 근거 없는 의견에 가중치를 두고 실제를 제대로 바라보지 않은 이는 그가 아니라 저였어요.

연구 현장에서 만나는 영어 원어민들은 대개 다른 이들의 영어를 지적하지 않아요. 한국, 일본, 중국, 인도, 프랑스, 이탈리아, 독일, 호주식 영어, 심지어는 '국제 영어'라고들 통칭하는 정체불명의 영어가 난무하는 가운데 서로가 전달하려는 내용에만 집중합니다. 그러다가 문득 영어를 고쳐줄 때가 있습니다. 학회 발표문을 제출할 때, 같이 일하는 다른 사람 것은 손도 안 대면서 제가 쓴 것에는 '빨간 펜 선생님'이 되어 사소한 문법 오류까지 다 고쳐놓았다면 그는 저와의 연구에 상당히 신경을 쓰고 있는 겁니다. 혹은 예의범절을 덜 따져도 될 만큼 친해졌을 때에도 그렇고요. 사실 모르는 건 아니었습니다. 그분이 제 영어에 '지적질'을 한 건 그 두 가지 애정이 다 있어서라는 걸요. 그리고 학회장에서 이제 왔냐고 타박을 한 건, 딱히 약속은 안 했지만 자연스레 제 포스터 앞에서 저를 기다리고 있었기 때문이라는 것도요.

큰 항공 사고가 났던 그 주 주말, 가족과 함께 무안에 자원봉사라도 하러 가면 어떨까 싶어 봉사자 센터에 문의 전화를 했습니다. 그런데 자원봉사자가 이미 너무 많아 지금은 제가 가도 할 수 있는 게 없다고, 대기자 명단에 올려야 한다고 하시더군요. 맛집도 아니고 자원봉사 대기자 명단이라니, 우리 사회가 이렇게 멋집니다. 자원봉사 대신 짐 디피디의 책 『온 세계가 마을로 온 날』을 읽으며 주말을 보냈어요. 재앙과 재난이 닥쳤을 때 제 할일 다 하며 주말까지 기다리지 않고 즉각 달려나가 남을 돕는 사람들에 대해 생각했습니다. 물론 자신의 자리를 지키며 각자의 일을 누수 없이 해내는 것의 중요성에 대해서도, 변명처럼, 생각했고요.

올해 제 토정비결에는 이런 글귀가 있습니다. "선행에 힘쓰고 순리를 좇아 행동하라." 자원봉사에 실패한 이의 가슴을 찌르네요. 좀더 힘써야겠습니다. 2025년의 저에게 순리는 무엇일까요? 주어진 상황을 유지하고 현재의 것을 단단히 하는 데 힘쓰는 것일지, 주변 환경을 이겨내고 흐름을 거슬러 새 길을 열어나가는 것일지, 그도 아니면 몸과 마음의 건강을 극진히 보우하는 것일지 모르겠습니다. 무엇을 순리라고 믿을 것인지, 무엇이 선행이라고 정의할 것인지는 결국 제게 달려 있습니다. "어느 쪽을 선택하든 옳은 선택입니다."

이제 결론을 내릴 수 있겠네요. 저는 미신을 믿지 않습니다. 그 속의 지혜와 경험과 두려움과 편향과 선택과 통찰을, 가끔, 바라볼 뿐입니다.

유물론자가 무덤을 방문하는 이유에 대하여

×

상욱

채경님, 새해 복 많이 받으시기 바랍니다. 차례를 지내는 설 명절을 맞아 유물론자로서 무덤에 대한 이야기를 써보았습니다. 소소한 제 어린 시절 이야기는 보너스입니다.

2024년 여름에 휴가차 영국 런던을 방문했습니다. 미술관을 주로 다녔는데, 불현듯 웨스트민스터사원을 가보면 어떨까 하는 생각이 들었습니다. 그곳에는 역사적으로 유명한 영국인들의 무덤이 있거든요. 아이작 뉴턴, 찰스 다윈, 스티븐 호킹 같은 셀럽 과학자는 물론, 제임스 줄(에너지보존법칙), 마이클 패러데이(전자기유도), 제임스 맥스웰(맥스웰 방정식), 윌리엄 켈빈(열역학), 어니스트 러더퍼드(원자구조), 조지프 존 톰슨(전자 발견) 같은 위대한 물리학자들의 무덤도 있습니다. 아 참, 천왕성을 발견한 천문학자 윌

리엄 허셜의 무덤도 있더라고요!

뉴턴의 무덤은 조각상과 부조浮彫를 포함하여 거대한 공간을 차지하고 있습니다. 부조를 보니 태양과 행성들을 새겨놓았더군요. 토성의 띠가 앙증맞아 보입니다. 저에게 흥미로웠던 점은 행성이 토성까지만 표현되어 있다는 거였습니다. 뉴턴이 죽고 55년이 지나서야 천왕성이 발견되었으니 토성 밖의 행성이 없는 것은 당연합니다. 그러면 지금이라도 부조를 고쳐야 할까요? 아닐 겁니다. 무덤은 죽은 이를 기억하는 장소이고, 죽음 이후의 변화를 반영하는 것은 죽음을 무시하는 행위니까요.

뉴턴 이외의 과학자들은 대개 동판으로 만들어진 묘비만 볼 수 있습니다. 묘비는 벽이나 바닥에 붙어 있는데, 보통 가로세로 30센티미터 정도 되는 사각 형태입니다. 할리우드 명예의 거리에 있는 영화 스타 명판처럼 말이죠. 사람은 죽어서 이름을 남긴다는 말이 실감나는 장소입니다. 한 사람을 이루는 물질은 생명이 다하면 그 구조를 계속 유지하기 힘듭니다. '이름'과 같이 실제 존재하지 않는 개념 같은 것만 영원히 남을 수 있습니다. 개념은 인간의 상상으로 만든 것이어서 그 의미를 아는 인간이 없다면 존재할 수 없죠. '뉴턴'이 이름의 형태로 남기 위해서는 뉴턴을 기억하는 사람들이 존재해야 한다는 뜻입니다. 결국 묘비는 그 자체로는 의미가 없고 그것을 기억할 사람을 필요로 합니다. 그러니 무덤은 죽은 자가 아니라 산 자를 위한 장소입니다.

묘비에는 대개 사각형 변에 평행한 방향으로 이름이 쓰여 있지만, 대각선으로 쓰인 경우도 있습니다. 스티븐 호킹의 묘비에는 특이하게 비스듬한 각도로 이름이 쓰여 있더라고요. 호킹이 그 어려운 조건에서도 언제나 유머를 잃지 않았다는 사실을 표현하는 것 같아서 미소가 지어졌습니다. 언젠가 호킹이 장난삼아 다른 사람 발을 휠체어로 살짝 밟는다는 소문이 있었습니다. 한번은 기자가 그 소문이 사실인지 물었는데, 호킹은 악성 루머라고 주장하며 또 그런 말을 하는 사람이 있다면 휠체어로 발을 밟아버리겠다고 했답니다.

물리학자는 묘비에 이름 말고도 자신의 업적을 대표하는 수식을 남길 수 있습니다. 이런 물리학자는 복받은 사람입니다. 슈뢰딩거의 묘비에는 슈뢰딩거 방정식, 볼츠만은 엔트로피 공식, 플랑크는 플랑크 상수 값이 적혀 있죠. 하이젠베르크의 묘비에는 양자역학의 핵심 원리인 불확정성원리가 쓰여 있습니다. 맥스웰의 묘비는 공식을 쓰기엔 여백이 부족합니다. 에든버러에 가면 맥스웰 동상이 있는데, 다행히(!) 거기에 맥스웰 방정식이 쓰여 있더군요. 저세상의 맥스웰님도 마음이 편할 겁니다. 수식도 인간이 만든 기호로 표현되니까, '이름'과 마찬가지로 그 의미를 아는 인간이 필요합니다. 하지만 그것이 표현하는 내용은 '이름'과 달리 인간과 무관한 우주의 모습을 보여줍니다. '이름'보다 수식을 남기는 것이 더 멋진 일이 아닐까요?

원래 저는 여행 가서 묘지나 무덤을 잘 방문하지 않았습니다. 그 사람은 이미 죽고 없는데, 무덤에 가서 얻을 게 뭐가 있을까 해서죠. 죽은 이가 살던 집은 방문할 가치가 있다고 생각합니다. 그가 살았던 물리적 환경에 놓여 잠시나마 타임머신을 탈 수 있기 때문이죠. 그래서 에든버러에 있는 맥스웰의 집을 방문했습니다. 정해진 날짜에 미리 예약을 해야 하는지 몰라서 밖에서 둘러볼 수밖에 없었죠. 모르면 그냥 지나쳐버릴 평범한 집이었습니다. 집 바로 앞

도로에 서서 둘러보니 맥스웰이 어린 시절 뛰어놀며 보았을 풍경이 눈에 들어오더군요. 에든버러는 항구도시라 집 앞 도로에서 멀리 바다가 보입니다. 그의 생가에서는 위대한 물리학자가 아니라 그 시대 평범한 스코틀랜드 어린아이가 눈에 보였습니다.

저는 동대문의 한 산부인과에서 태어났다고 합니다. 당시 집은 미아리에 있었죠. 신혼이었던 저희 부모님은 집이 없어 친척집에 더불어 살았고요. 미아리 집에 대한 기억은 몇 가지밖에 없습니다. 집 앞에 있던 위태로울 만큼 높은 계단, 부엌을 가려면 지나야 했던 기나긴 복도, 마당의 재래식 화장실 등이죠. 제가 세 살 때쯤 서울 남쪽으로 이사했는데, 그 집에 대해서는 훨씬 많은 기억이 있습니다. 재래식 주택이 빽빽하게 붙어 있는 전형적인 서울 변두리 동네였습니다. 집 마당에 포도나무가 있는 것이 특이했죠. 한 그루였지만, 가을이면 엄청난 양의 포도를 수확해서 동네 사람들과 함께 나누어 먹었던 추억이 있습니다.

마당은 옆집의 벽으로 막혀 있었는데, 벽에는 창문이 있었습니다. 옆집 사람은 그 창문으로 저희 집 마당과 마루를 들여다볼 수 있었죠. 그럼에도 그 창문을 별로 의식하지 않고 살았던 것 같습니다. 사실 그곳에 사람이 살고 있다는 느낌도 없었습니다. 하지만 옆집에서 부부싸움이라도 하면 그 존재를 깨닫게 됩니다. 이웃간 비밀이 별로 없는 <응답하라 1988>의 세상이죠. 저희 집 안방 창문으로도 마찬가지로 이웃집 마당이 보였습니다. 그래서 집집마다 프라이버시를 조금이나마 지키려고 마당에 나무를 심었는지도 모릅니다. 이마저 겨울이면 나뭇잎이 다 떨어져 소용이 없었지만요.

그 시절 집 앞 골목은 거대한 미지의 탐험지였습니다. 하루종일 친구들과 땅바닥에서 뭔가를 하며 놀았죠. 드라마 <오징어게임>(당시는 '오징어 가이상'이라고 불렀습니다)에 나오는 여러 게임을 실제로 하면서요. 배드민턴 라켓을 총이라고 상상하며 동네 친구들과 가상의 노르망디상륙작전을 펼치거나, 위험천만하게 연탄재를 던지며 이웃 동네 아이들과 진짜 전쟁을 벌이기도 했습니다. 어린 시절 제 모습을 돌아보면 미래의 과학자를 상상하기는 힘듭니다. 몇 년 전 그 포도나무 집에 다시 가보았는데, 포도나무는 사라지고 삼층짜리 주택이 들어서 있더군요. 어린 시절 그렇게 넓고 길었던 집 앞 골목이 왜 이렇게 초라하고 작아

보이는지. 포도나무 집을 떠나 근방의 다른 주택으로 이사 간 다음부터 저의 건강이 나빠집니다. 이때부터 야외에서 노는 일이 줄어들고, 집에서 책을 보거나 혼자서 생각하는 시간이 많아진 것 같습니다. 지금 그 아이를 눈앞에 그려 보니 조금은 측은해 보입니다.

무덤을 방문하지 않던 제가 웨스트민스터사원에 간 것은 생각이 변했기 때문입니다. 무덤에 가지 않았던 이유는 그곳에 고인에 대한 정보가 거의 없을 거라 생각해서입니다. 물론 그의 썩은 육체가 있습니다. 물리학자에게 죽은 육체는 그냥 물질에 불과한 것이죠. 그런데 살아 있는 육체도 따지고 보면 물질에 불과한 것이 아닌가 하는 생각이 들더군요. 물론 산 것과 죽은 것은 다릅니다. 살아 있는 것에는 영혼이 있다고도 하는데, 영혼의 존재에 대한 과학적 증거는 아직 없습니다. 그렇다고 영혼이 없다는 뜻은 아닙니다. 원래 존재는 증명할 수 있어도 부재는 증명할 수 없으니까요.

살아 있는 상태가 영혼과 같이 특별한 것을 추가로 가지고 있는 것이 아니라면, 생명이 빠져나간 직후의 육체는 물리적으로 죽기 직전과 같다고 볼 수 있습니다. 마치 전원이 끊긴 로봇과 비슷하죠. 전원을 넣을 수만 있다면 로봇은 다시 움직일 겁니다. 물론 우리는 죽은 이에게 전원을 다시 넣을 방법을 알지 못합니다. 더구나 몸의 항상성이 깨져 면역계가 무너지면 외부에서 침투하는 세균을 막아낼 수 없어 부패가 시작됩니다. 몸의 물리화학적 구조가 비가역적으로 바뀌는 것이죠. 제가 진정한 유물론자라면, 더구나 인간을 '자동 작동하는 화학기계'라고 부르는 물리학자라면 생명이 없는 육체에도 어느 정도 의미를 부여해야 하는 거 아닐까요? 물리학자로서 정합성을 추구하다가 이제 이런 지경까지 왔다고 생각하실지도 모르겠습니다. 아주 심각한 이야기는 아니니 제 정신 상태에 대해 걱정하지 않으셔도 됩니다.

지난 편지에서 손길이 닿는 모든 물체에 흔적이 남는다고 말씀드렸습니다. 사실 한 인간의 인격, 마음, 행동, 생각 같은 것은 좋은 기억으로 남습니다. 이런 것들은 이름과 마찬가지로 인간이 만든 체계 내에서만 의미를 갖는 경우가 많습니다. 하지만 기억과 관련하여 물질에 가해진 물리적 영향은 우주에 실재하는 진짜 변화를 만들어냅니다. 지금 제 몸을 이루는 원자들을 하나씩 따로 떼어서 보면 특별할 것은 없습니다. 하지만 그들이 모여 제 몸을 이루는 순간 특별한 의미가 생깁니다. 죽은 육체도 조금 전까지 생명이 있는 물리적이고 특별한 실체였다는 뜻이죠.

뉴턴의 무덤 속 육체는 그가 남긴 유일한 물리적 실체입니다. 비록 대부분은 썩어 사라져버렸지만, 위대한 생각이 탄생한 뉴턴의 육체 일부가 지금 그 자리에 있습니다. 로마의 유적더미가 고대의 흔적을 간직하고 있는 것처럼, 뉴턴이 우주에 남긴 물리적 흔적을 간직한 채 말입니다. 사실 이것만으로도 무덤은 충분한 의미가 있는지 모릅니다. 이런 생각은 물리학자의 미신일까요? 우리는 살아남은 이들이 죽은 이를 기억하는 태도를 무덤에서 봅니다. 이렇게 산 자는 과거를 정리하고 미래를 준비합니다. 무덤은 죽은 자가 아니라 산 자를 위한 공간입니다. 한강 작가가 말했듯이 "죽은 자가 산 자를 구할 수 있"으니까요. 무덤이야말로 그런 일이 일어나는 공간인지도 모릅니다.

기억의 공간

×

채경

뉴턴이 이름의 형태로 남기 위해서는 그를 기억하는 이들이 필요하다는 말씀에 영화 〈코코〉를 떠올렸습니다. 영화 속에서 망자의 영혼은 저승에서 머무릅니다. 이승에서 누군가 그를 기억하는 동안에는요. 그러다 시간이 지나 더 이상 이승에서 그를 기억해주는 이가 아무도 없게 되면 그제야 망자의 영혼이 소멸합니다. 마침내 진정한 죽음을 맞이하는 겁니다. 영화 속 설정대로라면 위대한 음악가, 고대국가의 왕, 교과서에 실리곤 하는 위대한 학자 들의 영혼은 불멸의 존재에 가깝습니다. 우주의 시간에서 생각할 때 수백 년, 수천 년의 기간은 찰나에 불과하겠습니다만.

얼마 전 강풀 작가의 웹툰 〈조명가게〉를 원작으로 하는 동명의 드라마를 봤습니다(우리의 동료 김민하 배우가 나옵니다!). 등장인물 중에 기억되기를 바라지만 기억되지 못하는 자가 있습니다. 집안의 반대도 무릅쓸 만큼 사랑하는 사이인 줄 알았는데, 죽음의 문 앞에서 되돌아간 연인은 죽음의 문턱을 넘어버린 상대방을 기억하지 못합니다. 망자의 영혼은 어떻게 자신에 대한 기억을 깡그리 잊을 수 있는지 이해하지 못해 좌절합니다.

이름'보다' 수식을 남기는 것이 더 멋지다는 말씀에는 동의하기 어렵지만, 이름'만큼이나' 수식을 남기는 것도 멋지다고는 생각합니다. '수식' 자리에 다른 걸 넣을 수도 있겠죠. 음악, 사상, 건축물, 지혜, 문학작품, 정책과 제도, 어쩌면 희생이나 사랑일 수도 있겠습니다.

무덤에도 많은 이야기가 있지만 생전에 살던 집은 또다른 느낌입니다. 〈알쓸범잡〉에서 제주 4·3 사건을 다룰 때, 상욱님은 당시 피해를 입고 턱을 심하게 다쳐 남은 평생 얼굴에 무명천을 두르고 사셨다는 '무명천 할머니'의 집을 방문하셨죠. 그 사실에 대해 듣는 것만으로도 많은 생각을 하게 되는데 그 집에 방문해 할머니가 쓰시던 이부자리, 소소한 가전과 가구를 직접 보니 다르게 느껴졌다고 말씀하시는 걸 봤어요. 저는 미국 플로리다 끝의 키웨스트에 있는 헤밍웨이의 집에 가본 적이 있어요. 사실 헤밍웨이의 집은 여러 군데에 있습니다. 시카고 인근에서 나고 자란 뒤 토론토, 파리, 키웨스트, 와이오밍, 아바나, 케첨 등지에서 살았으니까요. 그리고 스페인, 이탈리아 등 유럽 곳곳으로 다녔죠. 때로는 여행을 위해, 때로는 전쟁에 참가하기 위해. 주인의 인생 곡절과는 달리 키웨스트의 집은 무척 평화롭고 아름답고 고요합니다. 생전에 키웠던 고양이의 후손들이라는 수십 마리의 고양이들이 집안 곳곳을 소리도 없이 오갑니다. 관광객이 너무 가까이 가지 못하도록 줄을 둘러쳐놓은 헤밍웨이의 책상 위에서, 침대 베개 사이에서, 고양이가 새근새근 잠들어 있습니다. 고통으로 가득했던 헤밍웨이의 삶도 이제는 포근하고 안락하기를 빌어 보았습니다.

충분히 오랜 시간이 지난 뒤에는, 망자가 묻힌 무덤 속에 유골조차 남지 않을 겁니다. 그래서 결국에는 그 흔적조차 사라집니다. 말씀하신 대로 어떤 물질이 되어 지구에 통합되는 것이죠. 그런데 지구적 규모에서 보면 인간을 비롯한 모든 생명체는 원래 땅과 바다에 속해 있습니다. 삶과 죽음이라는 것은 독립된 생명체로 존재하는가, 지구라는 보다 큰 규모의 일부로 존재하는가 하는 차이에 지나지 않을지도 모릅니다. 어쩌면 흔적이 사라진다는 것은 어불성설입니다. 우리는 형태를 바꾸어 조금 다른 시스템에 통합됩니다. 사라진다는 것은 무엇일까요? 살아 있는 저는 숨을 쉬어 몸속 물질의 일부를 이산화탄소의 형태로 내보냅니다. 그럴 때마다 한 번의 숨만큼 사라지는 것일까요? 인간을 하나의 화학기계라고 볼 수 있다면 그걸 확장하여 지구 역시 그렇게 볼 수 있습니다. 제 몸속에서 세포 하나가 죽고 새로운 세포가 생겨나듯이, 병원균이 침투하고 백혈구가 그걸 삼키고 분해하듯이, 지구도 그런 일을 합니다. 나무가 자라고 시들고, 벌레가 나고 죽고, 산소는 제 연구실의 공기와 책상 화분의 줄리아 페페와 제 몸과 공기청정기 안팎을 수시로 드나듭니다. 그건 너무 자연스러운 일입니다. 지구가 하는 일을 생각해보면 생명이 없는 육체에도 의미를 부여할 수 있을 겁니다. 이쯤에서 '얘도 정상은 아니구나' 하며 안도(!)하고 계실지도 모르겠습니다.

사실 우리는 생명이 무엇인지조차 명확히 정의하지 못

하고 있잖아요. 특히 바이러스 같은 존재는 생명과 비생명의 경계를 모호하게 만듭니다. 최근 소행성 베누Bennu 표면에서 채취한 물질에서 다양한 아미노산과 DNA의 구성단위인 핵염기가 검출되었습니다. 놀라운 소식도 아닙니다. 몇 년 전에도 소행성 류구Ryugu에서 채취한 물질을 분석한 결과 아미노산과 유기물을 발견했어요. 운석에서도 발견되었지만 지구 대기를 통과하는 동안 오염되었을 가능성이 있었어요. 그런데 지구에 진입하기 전 우주 공간에서 밀봉했던 캡슐 속에서도 생명 유지에 쓰이는 물질들이 확인된 겁니다. 단백질 합성에 쓰이는 분자 기계가 지구상의 박테리아뿐 아니라 우주에도 존재한다는 직접증거라고나 할까요. 그렇다고 해서 소행성에 생명체가 있거나 있었다는 뜻은 아직 아닙니다. 아직 우주생물학astrobiology 교과서에는 빈자리가 아주 많습니다. 뉴턴, 다윈, 맥스웰, 허셜처럼 그 이름을 교과서에 남기고 대대손손 기억될 사람들의 자리가요. 후손들 중 누군가는 때때로 그 교과서 속 인물들의 무덤이나 생전에 살았던 집과 연구실을 방문해 그들의 업적과 인생 경로에 대해 생각할 겁니다. 그리고 그중 누군가는 그에 대한 글도 쓰겠지요. 지구의 수명이 다할 때쯤엔 그 모든 물질과 기록마저 흙으로 돌아갈 테지만요.

생명의 정의도 그러하거니와 영혼의 존재는 더더욱 모호합니다. 생각과 기억, 의지와 감정 같은 것은 살아 있는 자만이 향유하는 것이라고 생각하지만, 기억되지 못해 절망하는 영혼의 이야기를 비롯해 온갖 입증하기 어려운 이야기가 나오는 <조명가게>를 즐겁게 읽고, 보았습니다. 저는 예술적 허용을 쉽게 허용하는 편이거든요. 그래서 마르셀 에메의 『벽으로 드나드는 남자』 같은 소설도 즐겁게 읽었습니다. 주인공 뒤티유월은 지구상의 모든 물질과 상호작용하는 것이 마땅한 일반적인 물질로 구성된 살아 있는 인간이지만 벽을 자유롭게 통과합니다.

뒤티유월은 살아 있는데도 벽을 통과하지만, 대개 예술 작품이나 구전되는 이야기 속에서 벽을 통과하는 존재는 형체가 없는 영혼입니다. 영화 <어느날>에 그런 영혼이 등장합니다. 식물인간 상태로 장기 입원 중인 그는 본래 시각장애인이나 몸에서 빠져나온 영혼은 세상 만물을 볼 수 있습니다. 눈처럼 내리는 벚꽃 잎, 맺혀 있다 똑똑 떨어지는 빗방울의 아름다움에 손을 내밀어보지만 꽃잎이나 물방울 같은 일반적인 '물질'은 영혼의 손을 통과해버립니다. 그런데 그 영혼은 땅에 발을 딛고 서 있으며, 걷고 달립니다. 차에 타면 안전벨트도 맵니다. 달리던 차가 급정거한다면 어떻게 될까요? 저는 과학커뮤니케이터 궤도가 귀신을 두고 건네는 농담인 "어떻게 지평좌표계로 고정을 하셨죠?"를 좋아하는데요, 바로 그 질문이 떠오르는 대목입니다. 꽃잎이나 빗방울과는 상호작용하지 않지만 땅과 건물과 자동차와는 상호작용하다니 모순입니다. 차라리 꽃잎을 손에 그러쥐고 행복해할 기회를 주었으면 싶었습니다. 영혼이 자동자를 타는 장면이 나올 때마다 마음속으로 물었습니다. '어떻게 지평좌표계로 고정을 하셨죠?' 저는 아무래도 예술적 허용을 쉽게 허용하지 않는 편인 것 같습니다.

상욱님께서 살던 집이 바뀌었다니 아쉽습니다. 저도 마찬가지예요. 저는 어릴 때 이사를 무척 자주 했어요. 헤밍웨이의 평생 이사 횟수보다 제가 성인이 되기 전의 이사 횟수가 더 많을지도 모릅니다. 그나마 그중에서 가장 오래 살았던 동네는 재개발되어 신식 아파트 단지로 바뀐 지 오랩니다. 제가 나중에 노벨상이라도 받으면 아쉬워서 어쩌려고 그랬는지(?!) 말입니다. 거의 매년 이사를 하다시피 했는데도, 영유아 시절 이후로 거쳐간 모든 집에 대한 기억이 하나씩은 있습니다. 현관 앞 계단에서 굴러떨어졌던 집, 지나가는 자전거에 치여 이마에 혹이 불룩하게 올라왔던 집, 동네 친구들과 골목을 누비며 쏘다녔던 집, 여름 해 질녘까지 고무줄놀이를 하다가 저녁식사에 늦곤 했던 집, 옥상에 올라가 해지는 걸 보는 게 좋았던 집…… 동네가 바뀌고 그때 그 집은 흔적조차 소멸한 뒤에도 저는 집을 기억합니다. 생명은 없지만 제게는 '물리적이고 특별한 실체'였던 집. 무덤처럼 기억도, 과거를 정리하고 미래를 준비하게 해줍니다. 무덤처럼 기억이야말로, 그런 일이 일어나는 공간인지도 모릅니다. 그 공간은 몇 차원이냐고 묻지는 마세요. 편지적 허용(!)을 허용해주세요.

겸재 정선
산수화의 비밀

×

상욱

기억의 공간이 몇 차원인지는 물리적으로 중요한 질문이 아닐 겁니다. 양자역학을 다루는 힐베르트 공간같이 무한의 차원일지도 모르죠. 뭐 이렇게 말한들 얻은 것은 거의 없잖아요? 하지만 기억의 공간에 저장된 정보가 정확한지는 종종 중요한 문제가 됩니다. 이것은 때로 역사의 진실을 찾는 진지한 게임이 되기도 하죠. 이번 편지에서는 조선시대 산수화의 진실을 찾는 이야기를 해볼까 합니다.

저는 미술을 좋아합니다. 그렇다고 제가 직접 미술 작업을 하는 것은 아닙니다. 손으로 하는 일에 서툴거든요. 손으로 뭔가 만드는 것에 흥미가 없기도 합니다. 그래서 실험물리가 아니라 이론물리로 박사학위를 받았는지 모르죠. 미술에 대해 공부하는 것도 좋아합니다. 운동을 책으로 배우려는 사람이니 당연한 일이겠죠. 미술이라고 했지만 모든 종류의 미술에 관심이 있는 것은 아닙니다. 디자인 같은 실용미술에는 관심이 적은 편이고, 조각보다 회화를 선호합니다. 설치미술은 주제에 따라 호불호가 많이 갈립니다만, 대체로 좋아하고요.

저에게 미술은 서양미술입니다. 서양 사람이 하는 미술이 아니라 서양에서 만들어진 미술의 철학과 방법으로 하는 미술을 말합니다. 저는 동아시아 사람이지만, 동아시아 미술에 대해 아는 것도 없고 (그래서) 관심도 적습니다. 안타까운 일이라고 생각합니다. 사실 동아시아의 미술만 모르는 것이 아닙니다. 음악, 춤, 역사, 철학 같은 거의 모든 것에 대해 잘 알지 못합니다. 제가 방문했던 여행지를 봐도 아시아보다 유럽이 압도적으로 더 많습니다. 서양의 과학인 물리학을 공부하다보면 자연스럽게 서양의 철학과 역사를 배우게 됩니다. 물리학은 갈릴레오(이탈리아), 뉴턴(영국)으로부터 시작되어 맥스웰(영국), 볼츠만(오스트리아), 아인슈타인(독일), 보어(덴마크), 하이젠베르크(독일)로 이어지는데, 그렇게 공부하다보면 그들이 살았던 시대 상황과 문화를 함께 알게 될 수밖에 없거든요. 저절로 서양의 역사, 철학, 예술로 관심이 확장됩니다.

언젠가부터 (좋아하지 않았던) 동아시아의 옛 문화에 관심이 생겼습니다. 의무감 때문이라기보다는 합리적 의심(?) 때문입니다. 제가 동양미술을 즐기지 못하는 것이 그냥 취향에 맞지 않아서일까요? 혹시 그것을 즐길 수 있는 사고의 틀 자체가 없어서 그런 것은 아닐까요? 제 사고를 지배하는 물리학은 자연을 이해하는 틀만이 아니라 인간을 이해하는 틀로서도 작동하는 것이 아닐까 하는 의심이 들었던 겁니다. 동아시아의 철학과 역사를 공부하다보면 동아시아미술이 좋아질 수도 있지 않을까요? 아니면 동아시아미술을 자꾸 접하다보면 역사와 철학으로 관심이 확장될지도 모르죠.

서론이 길었습니다. 그래서(!) 겸재 정선의 전시를 다녀왔습니다. 전시 가기 전, 정선에 대한 책 한두 권을 읽어보던 중 흥미로운 사실을 알게 되었죠. 작품을 두고 재미있는 논쟁들이 있더라고요. 우선 정선(1676~1759)은 조선 숙종, 경종, 영조의 치세, 그러니까 치열한 당쟁의 시대를 살았습니다. 정선은 쇠락한 양반 집안에서 태어나 학업에 전념하지 못하고 전업 화가가 되었다고 합니다. 정선이 국가

기관이었던 도화서에서 그림을 배운 것인지(전문 화가), 사대부 문인 화가인지(아마추어 화가)에 대해 논란이 있습니다. 당시 화가의 지위는 낮았으니 도화서에 있었다는 것이 정선에게 좋은 이야기만은 아니었겠죠. 정선이 도화서에서 근무했다는 자료는 남아 있지 않지만, 그를 '화공畵工'이라고 간접적으로 언급한 편지가 있다고는 합니다.

1711년(36세) 정선은 김창흡의 금강산 여행길에 동행하면서 인생에 전기를 맞게 됩니다. 김창흡은 노론의 영수였던 김창집의 동생으로, 세도가 안동 김씨의 일원인 장동 김씨의 한 사람이었죠. 이런 출세의 기회를 주선해준 사람은 사천 이병연으로 정선과 평생의 인연을 이어갑니다. 정선은 여행 후 『해악전신첩』 『신묘년풍악도첩』을 그려 명성을 얻게 되고, 1716년(41세) 관상감 겸교수가 되어 관직의 길을 걷기 시작합니다. 이후 각종 관직을 두루 거쳐 1729년(54세)에는 종5품 의금부 도사에 오릅니다.

저는 『신묘년풍악도첩』 가운데 〈단발령망금강산〉이 제일 좋더군요. 단발령이라는 고개에서 금강산을 바라보는 경치를 그린 것이죠. 단발령은 산수화에 흔히 등장하는 익숙한 형태의 산 모습인데, 금강산은 흰빛을 띠어 초현실적

<단발령망금강산>, 『신묘년풍악도첩』, 1711, 국립중앙박물관 소장.

인 느낌을 줍니다. 단발령과 금강산 사이를 가르는 바다 같은 구름은 금강산에 신묘한 기운을 불어넣고, 그림의 전체적 구도는 현대적이라는 느낌마저 들게 합니다. 여기서 금강산을 바라보면 머리를 깎고 속세를 떠나고 싶어 '단발령'이라는 이름이 생겼다는 설도 있답니다. 아무튼 관직의 길을 걷던 출세의 시기(사십대 중반~육십대)에 정선은 '진경산수화풍'을 확립하게 됩니다.

진경산수화가 무엇이냐는 논란도 있더군요. 조선시대 산수화는 주로 '관념산수화', 즉 상상으로 그린 그림입니다. 종종 중국의 화풍을 따랐고 소재조차 중국에서 가져왔죠. 진경산수화는 우리나라의 산하山河를 직접 보고 그린 그림입니다. 문제는 '진경산수화'가 '실경實景산수화'와 무엇이 다르냐는 것이죠. 실경산수화도 말 그대로 실제 경치를 그린 것이니까요. 정선 이전에도 실경산수화는 있었거든요. 문외한인 제가 이 논쟁에 대해 정확한 판단을 하기는 힘듭니다. 진경산수화는 실경산수화에 작가의 의도적 변형이 추가된 것이라는 사람도 있고, 중국 남종화법을 토대로 만들어진 독창적인 실경산수화라는 설명도 있습니다. 제 눈에는 그냥 멋진 실경산수화의 일종으로 보입니다만.

이번 편지에서 소개하려는 진짜 논란은 정선의 진경산수화가 사실 풍경화가 아니라 고도의 정치적 내용을 담은 그림이라는 것입니다. 이성현의 『노론의 화가, 겸재 정선』에 나오는 내용이죠. <알쓸별잡> 지중해편에서 소개했던 데이비드 호크니의 『명화의 비밀』과 비슷한 종류의 이야기라고 보시면 됩니다. 여러가지 증거가 있지만, 정선의 대표작인 <인왕제색도> 이야기를 해보죠. 워낙 유명한 그림이라 보시면 "아! 이 그림!" 하실 겁니다. 국보 제216호 이기도 합니다.

<인왕제색도>, 1751, 국립중앙박물관 소장.

그림 오른편에 쓰인 '신미윤월하완辛未閏月下浣'이라는 문구로부터 이 그림이 1751년(76세) 5월 20일에서 30일 사이에 그려진 것을 알 수 있습니다. 5월 29일 정선의 절친한 친구 이병연이 세상을 떠났는데, 이병연은 정선이 김창흡의 금강산 여행길에 동행하도록 주선했던 사람입니다. 당시 정선과 이병연은 모두 인왕산 근처에 살았고요. 『승정원일기』에 따르면 5월 21일부터 지루하게 내리던 비가 25일 개었다고 합니다. 이제 답이 나오지 않습니까? 미술사학자 오주석에 따르면 <인왕제색도>는 투병중인 40년

지기 이병연의 쾌유를 비는 정선의 간절한 마음이 담긴 그림이라고 합니다. 아름다운 해석입니다.

이제 다른 해석을 살펴볼 차례입니다. 이병연은 81세의 나이로 세상을 떠났습니다. 오늘날에도 병에서 회복하기 쉬운 나이는 아닙니다. 죽음을 예상할 수 있는 상황이었다는 뜻입니다. <인왕제색도>는 가로 138.2센티미터, 세로 79.2센티미터로 정선이 남긴 최고 대작입니다. 과연 정선이 81세 노환으로 곧 죽을 친구의 회복을 기원하며 일생일대의 대작을 그렸을까요? 당시 지식인들은 모여서 글과 그림을 나누며 즐기는 문화가 있었고, 작품에 대해 평가하는 제사題辭나 제시題詩를 남기는 것이 보통이었답니다. 정선의 최대작인 <인왕제색도>에 대한 제시는 하나도 남아 있지 않습니다. 당시 최고의 평론가라 할 만한 표암 강세황조차 이 그림에 대해 한마디도 남기지 않았습니다. 이 그림을 소유했던 사람이 누구인지 알 수 없으나 극도로 공개를 꺼린 것으로 보이는데 왜 그랬을까요?

동양의 산수화는 서양의 풍경화와는 다르다고 합니다. 서양에서는 하느님이 만든 시간의 모든 순간이 중요합니다. 풍경화나 그림이 한 순간을 포착하여 그려질 수 있는 이유입니다. 하지만 동아시아에서 순간은 전체 과정의 일부로서 의미를 가집니다. 동아시아의 산수화는 순간 포착이 아니라 생성과 소멸의 전 과정, 그러니까 서사를 담아야 한다는 말이죠. 더구나 수묵화는 (글을 쓰는) 먹으로 그리는 그림입니다. 수묵산수화는 그리는 것이 아니라 쓰는 것이라 볼 수도 있습니다. <인왕제색도>가 단순한 풍경화가 아니라 서사를 가진 산수화라면 이 그림은 무엇을 이야기하고 있을까요?

1751년 5월 13일 영조는 사도세자의 첫아들 정을 세손으로 책봉했습니다. 영조는 궁중 나인 출신 숙빈 최씨와 숙종 사이의 아들로, 즉위 초부터 줄곧 출신 성분 콤플렉스에 시달렸다고 합니다. 정치적 기반이 불안정했던 영조는 노론의 도움으로 왕위에 올랐기에 이후 노론의 전횡이 심해져도 통제하기가 쉽지 않았습니다. 그리하여 영조가 선택한 방법은 일명 '탕평책蕩平策'입니다. 당쟁의 폐해를 막기 위해 붕당간 권력 균형을 유지하겠다는 것이지만, 실상은 소론과 노론을 극한 경쟁시켜 제어하는 것이었죠.

이 시기 영조는 아들 사도세자를 통해 대리청정을 하고 있었습니다. 16세 꼭두각시 왕을 방패로 개혁을 진행하며 노론의 반발을 피하는 고도의 정치 쇼를 하고 있었던 셈이죠. 1751년에는 사도세자와 소론을 이용하여 균역법의 기초가 되는 '균역절목변통사의'를 입안했습니다. 균역법에 반대하는 기득권 노론 입장에서는 기가 찰 노릇이었습니다. 영조가 왕위에 오르는 데 자신들이 가장 큰 공을 세웠는데 말이죠.

   이런 상황에서 영조가 세손을 책봉했다는 것은 무슨 뜻일까요? 사도세자가 아니라 세손에게 왕위를 넘겨줄 생각이 있다는 뜻이 아닐까요? 그렇다면 이는 소론을 지지하는 사도세자를 제거하고 노론에게 다시 힘을 쥐여주겠다는 영조의 메시지였는지 모릅니다. 결국 〈인왕제색도〉는 인왕仁王, 즉 영조가 (비 온 뒤 날이 개듯이) 노론에 우호적인 모습으로 돌아올 거라는 의미가 담긴 그림이라는 겁니다. 노론의 일원인 장동 김씨와 정치적으로 한배를 탔던 정선이 아마도 장동 김씨 세력의 요청을 받고 그린 걸지도 모르죠. 그렇다면, 이 그림을 일반에 널리 공개하는 것은 위험했을 겁니다. 이제 〈인왕제색도〉를 찬찬히 다시 들여다보면 그림이 다른 느낌으로 다가옵니다. 2025년은 제가 동아시아미술 세계로 출발한 해로 기록될 수도 있겠어요.

흥미로운 이야기지만, 제가 알기에 학계가 공식적으로 인정하는 해석은 아닙니다. 하지만 〈알쓸신잡〉을 잠깐 촬영한 느낌 아니신가요? 채경님을 보면 '알쏠 감성'이 발동하나봅니다. 자꾸 이런 주제를 이야기하고 싶어지니 말입니다. 저만 신나서 떠드는 것은 아닌지, 의도치 않게 맨스플레인하고 있는 것은 아닌지 걱정은 됩니다. 그래도 이해해주실 거라 믿습니다. (답정너에 가스라이팅까지……)

피아노 물방울

채경

피아노 건반은 현을 때립니다. 피아노 뚜껑을 열고 안을 들여다보면 굵기도 길이도 다양한 수많은 현이 나란히 단정하게 매여 있습니다. 팽팽하게 당겨진 현을 건반에 연결된 해머가 때리면 현이 파르르 떨며 알맞은 높이의 소리가 아늑한 방 같은 피아노 내부를 휘감으면서 가득 채우다 밖으로 흘러넘칩니다. 매혹적인 소리의 파동은 공기라는 매질을 통해 우리의 고막으로 와 닿습니다. 피아노는 현악기일까요, 타악기일까요? 현의 '떨림과 울림'으로 소리를 내니까 현악기라고 해야 할지, 무려 '해머'로 때려서 소리를 내니까 타악기라고 해야 할지 모호합니다. 그럴 때 사람들은 맥빠지게도 새로운 분류를 만들어내는 것으로 문제를 우회해버립니다. 피아노는 타현악기입니다.

토마토는 어떻게 보면 과일이고 어떻게 보면 채소입니

다. 생긴 걸 보면 과일이지만 요리할 때는 영양가 있고 활용도도 높은 채소로 그만한 게 없습니다. 그게 토마토의 매력입니다. 이 녀석은 과일일까 채소일까 머릿속으로 물음표를 그리는 동안 우리는 토마토에 대해 생각하고 또 생각합니다. 주스도 되고 케첩도 되고 춤도 추는 토마토. 무엇이든 될 수 있고 할 수 있는 멋쟁이 토마토를 가둘 길 없어 고민하며 토마토에 대한 생각을 키워가는 대신, 과채류라는 분류 칸에 토마토를 넣고 뚜껑을 탁 닫아버리는 것은 왠지 서운합니다.

  피아노가 그렇습니다. 기분이 영 그래서 건반을 쾅쾅 내리치면 소리가 꽝꽝 울립니다. 아름다운 소리가 날 때 오른쪽 페달을 밟으면 자꾸만 떨림을 멈추게 하던 댐퍼가 살짝 날아올라 음이 종소리처럼 은은하게 사라질 때까지 기다려줍니다. 피아노는 타현악기가 아닙니다. 타악기일까 현악기일까 곰곰이 생각하며 피아노의 이모저모를 살펴보고 뜯어보고 들여다보고 들어보고 느껴보게 되는 악기입니다.

  피아노 이야기를 좀 늘어놓았습니다만, 그렇다고 엄청

난 피아노 애호가는 아닙니다. 제가 1년에 책을 좋아하는 시간이 3백 일쯤이라면, 피아노는 20일쯤이라고나 할까요. 그런 제게도 피아노 소리가 절실히 필요할 때가 있습니다. 보고서나 학회 초록, 원고의 마감이 눈앞에 닥쳤을 때, 이제부터는 정말 딴생각 그만 좀 하고 진짜 집중하지 않으면 모든 걸 망치게 되어버릴 마지막 순간에 도달했을 때, 피아노 음악이 저를 구원합니다. 에드바르 그리그의 서정 소품집을 듣기도 하고, 정재형의 <Le Petit Piano>를 듣기도 합니다. 수백 년 전의 곡도 이 시대를 함께 살아가는 음악가의 곡도 제게는 공통적인 효과가 있어요. 첫 곡이 시작되자마자 최면처럼 몰입하게 된다는 겁니다. 그러다보니 음반을 통째로 수백 번 들었지만 두번째 곡부터는 잘 기억이 나지 않을 때도 있습니다.

제가 피아노 소리를 좋아한다는 사실을 알게 된 건 어른이 되고도 꽤 오랜 시간이 지난 뒤였습니다. 같은 작곡가의 곡이라도 관현악이나 합창보다는 피아노 소품집을 더 자주 듣는다는 것을요. 어릴 적 피아노 학원을 잠깐 다녀서 그런 걸까요? 학원에는 어린 제 눈에 피아니스트처럼 보이는 고학년 언니들이 있었습니다. 저는 그 언니들을 무척 우러러봤습니다. 우리 학원 언니가 제일 잘 친다며 다른 학원 다니는 친구들과 서로 우기기도 했죠. 하지만 듣는 것과 치는 것은 달랐습니다. 선생님은 매일 악보에 빈 동그라미 다섯 개를 그리고 한 번 연주를 마칠 때마다 동그라미 안을 칠하게 하셨는데, 제 실력은 안을 칠한 동그라미 개수와 비례해 성장하지 않았습니다. 솜씨가 영 별로라서 연습도 재미없었습니다. 그걸 꾹 참고 좀더 노력했다면, 그 지루함의 끝에서 희열을 만났더라면 좋았을 텐데 그러지 못했어요. 기분이 좋지 않을 때 피아노를 연주하며 스트레스를 좀 풀 수 있는 실력이 되었다면 좋았을 텐데요. 그게 악기를 배우는 목적이 아니겠습니까? 한데 그런 열매가 쉬이 맺히는 것은 아닙니다. 저는 기분이 좀 그럴 때 피아노 앞에 앉기는 하지만 15분쯤 뒤에 스트레스만 더 쌓인 채 피아노 뚜껑을 탁 닫아버리는 사람이 되었죠. 피아노가 제게 약인지 독인지 헷갈립니다.

그럼에도 불구하고 언젠가 중고책방에 들렀다가 음계 연습용 악보책을 샀습니다. 낮은음부터 높은음까지, 다시 낮은음으로 오르락내리락하며 각 손가락의 근육을 알맞게 단련하기 위한 곡들로 가득한 책이었습니다. 그래서 리

듬이나 멜로디랄 것도 없이 음의 진행이 무척 단순합니다. 그러다가 한 번씩, 피천득의 「수필」에 나오는 청자 연적 속 연꽃 잎 하나가 약간 구부러진 듯한 파격이 나옵니다. 흰 건반들만 누르다가 가끔 검은건반을 눌러 반음 낮추거나 높입니다. 바로 옆 건반 또 바로 다음 건반으로 진행하다가 갑자기 한 건반을 뛰어넘어가기도 합니다. 눈에 거슬리지 않는, 아니 손과 귀에 거슬리지 않는 파격입니다. 수필처럼, 음계 연습도 독백입니다.

한밤중에 전자피아노 앞에 앉아 헤드폰을 쓰고 음계 연습 악보를 보며 한 음 한 음 눌러봅니다. 제일 앞의 몇 곡은 피아노 학원을 몇 년 다녀도 초보를 면치 못한 제 실력으로도 그럭저럭 연주해볼 만해서 마음을 그리 상하게 하지 않습니다. 피아노는 빠르게 연주하는 연습과 느리게 연주하는 연습이 모두 중요하다고 했습니다. 빠르게 칠 때 쓰이는 근육과 느리게 칠 때 쓰는 근육이 다르기 때문에, 같은 곡이라도 빠르게 또 느리게, 그리고 정박자대로 모두 연습해야 한다고 배웠습니다. 그래서 아주 천천히 연주해보았다가 중간에 틀리든 말든 대충 전체적인 흐름만 비슷하게 높은음으로 올라갔다 원래 음으로 돌아와보기도 합니다.

손가락과 손목과 팔의 근육과 함께 마음도 단련합니다.

아인슈타인은 피아노와 바이올린 연주를 즐겼다고 하더군요. 사람들은 그가 어디에든 바이올린을 들고 다녔으며 바이올린을 연주하면서 우주를 생각했을 거라고들 합니다. 그는 과학적 발견을 할 때 기뻤을까요, 바이올린 연주를 끝내주게 했을 때 더 즐거웠을까요? 그는 연주자였을까요, 과학자였을까요? 저는 바흐의 〈평균율 클라비어 곡집〉을 들으며 수학을 생각하지는 않습니다. 그분에 감히 저를 대입해볼 수는 없겠지만요. 그러나 그가 직업 음악가가 아니면서 뛰어난 연주 실력을 갖췄던 것은 그가 본업을 해내는 데 도움이 되었을 거라고 생각합니다. 어쩌면 독창적인 과학적 결론을 이끌어내는 데에도 도움이 되었겠죠.

저는 가끔 상상합니다. 소위 '문과'와 '이과'를 가르는 문틈에 끼어 문이 닫히려고 할 때마다 움츠리는 저 자신을요. 과학자인데 글을 쓰고 있고, 가르치거나 소개하는 사람이 아닌데 때때로 연단에 섭니다. 본업이 있는데 외부 활동을 너무 많이 하는 것 같기도 하고, 기회들이 사라지기 전에 한 번이라도 더 나서서 과학을, 천문학자라는 직업을 알려야 할 것 같기도 합니다. 누구는 그만 좀 하라고 하고, 누구는 더 하라고 합니다. 그럴 때 저는 토마토, 고래, 바나나, 감자, 피아노가 됩니다.

  인생은 때로 우리를 상심케 합니다. 나는 도무지 어디에도 속하지 못하는 것 같아서, 여기에 내 자리는 없는 것 같아서, 나를 진정으로 받아주거나 깊이 생각해주는 이는 아무도 없는 것 같아서 가슴이 아립니다. 그러나 저는 그때를 사랑합니다. 여기에 조금, 저기에 조금 속해 있는 나 자신을 생각합니다. 나라는 물방울이 이 물방울에도 접하고 저 물방울에도 접해서, 서로 다른 방울방울의 표면장력을 한데 모아 최소화하는 장면을, 그래서 내가 더 큰 물방울이 되는 장면을 상상합니다. 여기에도 속하지 않고 저기에도 속하지 않는 나는 여기에도 가닿고 저기에도 가닿는 확장된 인간입니다. 나를 통해 여기와 저기를 통합합니다.

깊다深, 캐다採, 거울鏡

×

상욱

피아노와 토마토가 같은 범주로 묶일 수 있다는 사실을 알게 되어 기쁩니다. 채경님의 편지를 한 통 받을 때마다 채경님에 대해 모르던 사실을 하나씩 알아가는 듯합니다. 아직도 제가 알지 못하는 채경님의 모습이 많이 남아 있겠죠? 편지를 주고받을 날도 얼마 남지 않았으니 이번 편지의 주제는 채경님으로 할까 합니다. '심채경'은 이 편지를 가장 먼저 읽을 사람 이름이기도 합니다만, 하나의 음절이 여러 한자로 변환될 수 있기 때문에 많은 의미로 재해석될 수 있습니다. 그래서 '심채경'이 아니라 '심深, 채採, 경鏡'으로 글을 써보겠습니다. '深採鏡'은 채경님 이름의 실제 한자가 아니라, 제 마음대로 정한 것입니다.

깊을 심深

채경님의 내면을 한 글자로 표현해보라면 '심深'을 고르겠습니다. 채경님은 속이 깊고 단단하다는 느낌을 주기 때문입니다. 이것은 함께 방송 촬영을 하며 알게 된 것이 아닙니다. 채경님의 저서 『천문학자는 별을 보지 않는다』를 읽고 받은 느낌이 실제 사람을 보았을 때 구현되고 있었던 것이죠. 인간의 '심深'한 내면에 대해 "열 길 물속은 알아도 한 길 사람 속은 모른다"고 말하기도 합니다. 채경님에게 무언가 꿍꿍이가 있다는 뜻은 아닙니다. 제가 아인슈타인의 깊은 생각을 다 알 수 없다는 느낌이라고 보시면 됩니다. 이래저래 채경님은 '심深'한 사람이죠.

과거에는 열 길(24~30미터)보다 깊은 물속은 사람들에게 공포를 일으켰습니다. 깊은 호수나 바다 한가운데서 물속을 들여다본 적이 있는 사람은 이게 무슨 뜻인지 알 겁니다. 그래서 옛날 뱃사람들 사이에는 깊은 바다에 사는 괴물에 대한 전설이 널리 퍼져 있었습니다. 영화 〈캐리비안의 해적〉에도 등장하는 '크라켄'은 거대한 문어 괴물인데, 다리로 배를 휘감아서 침몰시킵니다. 물론 상상 속의 괴물이죠. 실제 '대왕오징어'라는 해양생물은 가장 큰 것이

10미터에 달하기도 합니다만, 심해에 살아 배를 공격할 일은 없습니다.

크라켄의 모델이 된 문어는 지능이 뛰어난 생물로 알려져 있습니다. 그래서 월드컵 경기에서 어느 팀이 우승할지 문어에게 물어보는 것인지도 모릅니다. 넷플릭스 다큐멘터리 〈나의 문어 선생님〉에서 인간과 교감을 나누는 문어를 보고 나면 한동안 '뽈보' 같은 문어 요리를 먹지 못하게 됩니다. 사실 문어는 뇌과학적으로 아주 흥미로운 생명체입니다. 문어에게 단일한 자아가 있는지 알 수 없기 때문입니다. 이게 무슨 뚱딴지 같은 소리냐고요?

문어의 중추신경계는 5억 개의 뉴런으로 구성됩니다. 해파리의 뉴런이 1만 개, 파리가 15만 개, 뱀이 5백만 개, 쥐가 2억 개인 것과 비교하면 어마어마한 수입니다. 흥미롭게도 이 가운데 3분의 1만 문어의 머릿속에 있고, 나머지 3분의 2는 다리에 있습니다. 더구나 다리는 머리의 지시 없이 독자적으로 판단하고 행동하는 것처럼 보이죠. 팔에 달린 빨판은 들러붙는 역할만 하는 것이 아니라 맛과 촉감을 감지할 수 있습니다. 빨판에서 감지한 정보를 팔의 뇌라고 할 수 있는 팔 신경절로 보내는데, 여기서 정보를 처리하고 지시를 하는 것으로 보입니다. 이 정보가 머리의 뇌까지 전부 가지 않는다는 뜻이죠.

내가 문어가 된다면 어떤 느낌일까요? 손으로 주변을 더듬거리다가 손에 빵이 닿으면 손으로 맛을 봅니다. 단맛이 나네요. 빵을 집습니다. 머리가 모르는 채 빵을 입으로 가져갑니다. 빵이 입으로 오는 것이 눈에 보입니다. 머리는 손이 왜 이 빵을 집었을까 생각합니다. 머리가 손에게 질문을 할지도 모르겠습니다만, 이게 어떻게 가능한지 저는 상상력의 한계를 느낍니다. 암튼 손에서는 단맛을 느꼈는데, 입에 넣어보니 약간 짠맛이 납니다. 입과 손, 어디서 느낀 맛이 진짜일까요? 여덟 개의 팔을 가진 문어는 머리까지 포함하여 모두 아홉 개의 뇌, 그러니까 아홉 개의 자아를 가진 걸까요? 문어도 '심深'한 내면을 가진 동물인 듯합니다.

문어는 한자로 '文魚'라고 씁니다. 문자를 아는 어류라는 뜻일까요? 문어는 위기에 처하면 먹물을 쏘고 달아납니다. 이 먹물이 동아시아 선비들이 글을 쓸 때 사용하던 먹과 비슷하여 붙은 이름이라고 하네요. 영화 〈컨택트〉에는 먹물 같은 기체를 뿜어 원형 글자를 쓰는 외계 생명체가 등장합니다. 다리가 (여덟 개가 아니라) 일곱 개 달린 문어 모양이죠. 글자를 쓰는 외계 생명체라 문어文魚 모습으로 설정했다고 합니다. 우주 어딘가 외계 생명체가 있을지 모르지만 적어도 달은 아닐 겁니다.

캘 채採

채경님은 달을 연구하시죠? 달 탐사선 개발에도 참여하고 계신다고 알고 있습니다. 정부에서는 2032년 달착륙선을 보낼 계획이라고 하더군요. 달에서는 나침반이 무용지물이라는 사실이 흥미로웠습니다. 지구에서 나침반을 쓸 수 있는 것은 지구가 자석이기 때문입니다. 지구 자기장에 나침반의 자석이 끌리는 것이죠. 하지만 달은 자석이 아니어서 나침반이 무용지물입니다.

GPS도 사용할 수 없습니다. 지구 주위에는 수십 개의 GPS 위성들이 돌고 있기 때문에 지구에서 GPS를 쓸 수 있는 것인데, 달 주위에는 GPS 위성이 없거든요. 달에 사람이 살지도 않는데, 비싼 돈 들여 GPS 위성들을 띄울 이유가 없기 때문이죠. 결국 달 표면에서는 옛날 뱃사람들이 했던 것처럼 별을 이용하여 자신의 위치를 구해야 할 겁니다. 그렇다고 크라켄 같은 괴물을 두려워할 필요는 없습니다. 괴물은커녕 생명의 흔적조차 나타난 적이 없으니까요. 암튼 우리가 달에 가게 되면 달 토사를 채굴採掘해서 올 수 있으리라 생각합니다.

사실 저의 어린 시절을 돌이켜볼 때, 미래의 과학자가 될 자질을 보여준 가장 오래된 기억은 채굴입니다. 대여섯 살 때 저는 땅속에 공룡이 사는 또다른 세계가 있다고 생각했습니다. 이유는 기억나지 않습니다. 그 나이에 뭐 의미 있는 이유가 있었겠습니까마는…… 하루는 마음을 단단히 먹고 놀이터 한 귀퉁이에 앉아 땅을 팠습니다. 기억이 흐릿하지만 아마도 꽃밭을 가꾸는 모종삽 같은 도구로 팠을 겁니다. 무릎이 들어갈 정도까지 팠더니 손바닥에 물집이 잡히고 거의 탈진 상태가 되었죠. 허망한 경험이었습니다. 그래도 성과가 없지는 않았습니다. 한 친구가 뛰어놀다가 그 구덩이에 빠져 넘어졌거든요.

초등학교 시절에는 채굴이 채집採集으로 바뀝니다. 당시 집에 거의 스무 권 정도 되는 과학학습만화 전집이 있었죠. 그 가운데 '공룡'과 '곤충'을 주제로 한 책이 가장 재미있었습니다. 『빛, 소리, 열』같은 물리 주제 책은 싫어했어요. 물리학자가 될 줄 알았으면 열심히 읽어보는 건데 아쉽죠. 곤충 중에서도 뿔이 달린 장수풍뎅이와 집게가 달린 사슴벌레를 가장 좋아했습니다. 제가 좋아하는 곤충은 야행성이라 주로 밤에 보인다고 나와 있더군요. 그래서 해가 진 후 친구들과 함께 동네 야산에 올랐습니다. 정말 산에는 벌레가 어마어마하게 많았습니다. 원하는 곤충을 찾았냐고요? 징그러운 벌레가 너무 많고 어둠 속에 있자니 무섭기도 해서 빈손으로 내려왔습니다. 그로부터 몇 년 지나서 일어난 일이지만 당시 놀러다니던 야산에서 살인사건이 일어나기도 했답니다.

채굴이건 채집이건 과학에서 가장 중요한 것은 데이터를 모으는 것입니다. 과학은 귀납적 방법을 사용합니다. 귀납은 본질적으로 불완전합니다. 평생 거위에게 먹이를 주던 손이 오늘 거위의 목을 비틀지 모르니까요. 그래서 과학은 진리가 아닙니다. 데이터가 많아질수록, 증거가 많아질수록 진리에 접근해갈 뿐 진리 그 자체에는 도달할 수 없죠. 그래서 과학자는 "그렇다"고 단정적으로 말하기보다 "그럴 가능성이 크다"는 표현을 선호합니다. 증거를 통해 진리를 얻는 것이 아니라 옳을 가능성을 높이는 것이니까요. 땅속에 공룡이 살고 있는 또다른 세계가 있을 가능성은 아주 적다고 할 수 있죠.

거울 경鏡

그동안의 정보를 종합하여 귀납적으로 판단해보면 채경님은 나르시시스트일 가능성이 높습니다. 첫번째 편지에서 이미 이야기했지만, 나쁜 의미가 아니라 남을 배려하면서 당당하게 자신을 사랑하는 사람 말이죠. 거울鏡은 나르키소스와 밀접한 물건입니다. 나르키소스는 거울같이 맑은 물에 비친 자신의 모습과 사랑에 빠져서 죽음에 이르렀으니까요. 거울 속 사람이 나라고 인식하는 것은 당연한 일일까요? 인간의 경우 생후 18개월에서 24개월이 지나야 거울에 비친 사람이 자신이라는 것을 인식하게 된다고 하네요. 사실 거울 속의 사람이 나라는 것을 깨달으려면 적어도 '자아'라는 개념이 있어야 합니다.

거울을 보고 자기 자신을 인지하는 것을 '거울 자기 인식'이라고 합니다. 이런 용어가 왜 있을까요? 동물 가운데 거울 자기 인식 실험을 통과한 경우가 거의 없기 때문입니다. 유인원, 돌고래와 범고래 몇 마리가 통과했을 뿐입니다. 판다, 개, 원숭이 등 다른 포유류는 모두 실패했습니다. 실험은 이렇게 진행됩니다. 우선 실험동물을 마취하고 몸에 물감으로 표시를 합니다. 동물이 깨어난 후 거울을 보고 자기 몸에 묻은 물감 표시를 찾으려 한다면 통과입니다. 거울 속의 동물이 자신임을 알아야 할 수 있는 행동이니까요.

물론 아직 데이터를 더 모아야採 합니다. 실험동물이 거울을 좋아하지 않을 수 있고, 자아를 인식하지만 단지 거울의 작동 원리를 이해하지 못한 것일 수도 있으니까요. 더구나 많은 동물은 시각이 아니라 후각으로 세상을 파악합니다. 이런 동물은 자아 인식을 시각이 아니라 후각으로 할지도 모르죠. 그래서 과학자들은 '후각 거울'을 고안하고 있다고 합니다. 지능이 높은 문어는 거울 자기 인식 실험을 통과했을까요? 실패했답니다. 그렇다고 바로 문어 요리를 주문하지는 마세요. 데이터가 더 많이 필요합니다. 과학은 귀납이니까요.

이제 제가 쓰는 편지도 마지막 한 통만을 남겨두고 있습니다. 그동안 다양한 주제에 관해 대화를 나눌 수 있어 무척 즐거웠습니다. 이제 마지막 편지를 어떻게 써야 할지 고민이 깊어深집니다. 언제나 그랬듯이 일단 글에 사용할 자료를 모아야探겠죠. 잘될 거라고 생각은 하지만, 거울鏡에 비친 제 얼굴을 보니 걱정이 가득합니다.

더그와 알렉스,
그리고 바다 세상

×

채경

처음 상욱님과 뉴스레터 연재를 준비할 때, 어떤 호칭을 사용할지를 두고 이야기했던 게 생각납니다. 우리는 각자의 직장에서는 교수와 박사로 불립니다. 학과장이나 센터장일 때도 있죠. 방송이나 출판 관계자들과 함께 있을 때는 주로 선생님이나 '쌤'이 됩니다. '쌤' 대신에 '님'을 붙이고 이름을 부르기로 한 건 참 다정한 결론이었다고 생각해요. 인터넷 동호회나 독서 모임 같기도 합니다.

어릴 때는 주로 이름으로 불리지만 살다보면 어느새 이름으로 불리는 일이 드물어지는 시기가 있더군요. 제 경우는 박사학위 논문 심사에 통과한 후부터였습니다. 아직 학위수여식까지는 두어 달 남았지만 심사위원들께서는 그 자리에서부터 박사라는 호칭을 붙여주시기도 하니까요. 처음에는 누가 저를 "심 박사"라고 부르면 참 어색했는데, 이제는 그게 저의 두번째 이름인 셈이 됐습니다. 김 박사, 김 대리, 김 과장, 김 사장님 들과는 달리, 심씨 정도만 되어도 그 자리에서 유일한 심씨인 경우가 많아요. 그래서 "심"이라고만 불러도 충분히 저인 줄을 압니다. 한국 사회에서 심씨 성을 가진 채로 어린이 시절을 보냈기 때문에 심청이, 심형래, 심수봉, 심은하, 심지어는 심슨(!)에도 반응합니다. 한편으로 제가 어머니의 성씨로 불리는 일은 없다는 점을 생각해봅니다. '심' 뒤에 숨겨져 있는 어머니의, 어머니의 어머니의, 어머니의 어머니의 어머니의 성씨를 생각해봅니다. 정보가 충분하지 않군요. 위로 올라갈수록 그분들의 성씨를 알지 못하니 기억할 수도 없습니다. 아버지와 아버지의 아버지와 아버지의 아버지의 아버지의 성씨가 무엇인지는 아주 잘, 명확히 알고 있는데 말입니다.

제 이름은 외삼촌께서 지어주셨다고 들었습니다. 부모도 아니고 조부모도 아니며 주 양육자도 아니고 작명소의 전문가도 아닌 외삼촌이 이름을 짓게 된 연유가 정확히 무엇이었는지는 잘 모릅니다. 여쭤볼 수도 있겠지만 굳이 물어야 할 만큼 궁금하지는 않습니다. 아마 별 이유는 없었을지도 모릅니다. 그게 더 좋습니다. 어쩌다보니 태어났고, 어떤 필연적인 이유 없이 그냥 살고 있는 저에게 잘 어울린다고 생각합니다. 태어나보니 심씨였고, 어쩌다보니 부모도 아니고 조부모도 아니며 주 양육자도 아니고 작명소의 전문가도 아닌 외삼촌이 지어준 이름으로 살고 있는데 그 모든 것의 명확한 이유를 모른다는 점이 퍽 마음에 듭니다. 대학의 사서였던 외삼촌께서는 제가 지식을 구하고 책의 행간까지 읽는 사람이 되기를 바라셨다고 합니다. 그래서 제 이름에 채집하고 경작한다는 뜻의 한자를 넣어주셨어요. 성실한 농부가 밭을 갈듯 책을 읽어나가라니 부모도 아니고 조부모도 아니며 주 양육자도 아니고 운명을 점치는 사람도 아닌데, 제가 그렇게 살아갈 줄 어떻게 아셨을까요? 아니면 반대로 저 스스로가 이름 뜻에 천착하여 그저 이렇게 살아야 하는 줄로만 알고 다른 삶은 고려하지 않는 걸까요?

저는 제 이름을 좋아합니다만 전화 상담원들께서는 그다지 좋아하지 않으십니다. 성도 이름도 도대체가 한 번에 알아들을 수가 없어 곤혹스러우시겠죠. 상욱님께서 읊어주신 이름 풀이는 그토록 우아하고 장대하였으나, 제가 가장 자주 쓰는 삼행시는 심청이 할 때 심, 채소 할 때 채, 경찰 할 때 경입니다. 그동안은 언제나 '채'까지만 했는데요, 며칠 전 전화로 건강검진 예약을 받아준 병원 관계자께서 "그리고 경찰 할 때 경인가요?" 하고 여쭤심으로써 삼행시가 완성되었습니다. 아, 영어 버전도 있습니다. 'ㅋ'이 붙어 있는 '영'("Young with K") 입니다. 우리말의 'ㄱ' 발음에는 약간 거센소리가 섞여 있다는 걸 아시나요? 그래서 제 이름의 '경'도, 상욱님의 '김'도 알파벳으로 쓰면 'ㄱ'을 K로 쓸 수 있습니다. 드물게는 김씨를 'G'로 시작하게 쓰는 분도 계시고, 경기도도 오래전부터 'G'로 시작하는 걸로 바뀌었지만요. 그런데 또 'ㅋ' 소리와는 다릅니다. 만약 K 발음에 너무 집중해서 읽으면 제 이름은 '치킨'처럼 들려요. 대전 댁이 아니라 꼬꼬댁이라니 낭패입니다. 물론 현대 문명에서 닭은 수많은 사람의 생존을 가능케 하는 어마어마하게 중요한 존재니까 그 위상을 대조한다면 낭패인 쪽은 제가 아니라 닭이겠지요.

    영어로 쓰면 읽기도 어렵고 철자 개수가 많아서 영어로 소통할 때는 주로 '채Chae'만 씁니다. 그러면 이번에는 우리나라 사람들이 그게 저라는 걸 잘 모르게 됩니다. 가까운 팀 사람들은 알지만 저와 우리말로만 소통했던 분들은 알 길이 없지요. 며칠 전에도 미국인 동료가 다른 한국 천문학자를 만나서 제 얘기를 했는데, 누굴 지칭하는지 못 알아들어서 한참을 설명했다고 하더군요. 그는 본인이 '우물 안 미국인'이라서 동양식 발음에 서툴다며 자책하고 있습니다. 다음에 만나면 오해도 풀고 제 이름 읽는 법을 알려줘야겠어요. 심슨의 심, 체 게바라의 체, K가 붙어 있는 영이라고 하면 될까요? 이름 석 자 중 어느 것도 알파벳식 발음으로 백 퍼센트 구현할 순 없는데, 국제화 시대라는 게 좀 그래요. 이름을 자꾸만 설명해야 하죠.

배우 티머시 샬라메의 인터뷰 영상을 봤습니다. 이름 읽는 법을 재차 묻는 질문에, 자신의 이름은 프랑스식이고 원래 발음은 '티모테'지만 '티머시'도 괜찮고, 심지어는 '더그'나 '알렉스' '앨런'도 상관없다, 아무렇게나 불러도 된다고 했습니다. 저는 그를 만나본 적은 없지만 프랑스인 연구자들은 좀 만났습니다. 그중 이름이 'R'로 시작하는 동료가 있어요. 불어에서 R은 'ㄹ'과 'ㅎ'의 중간쯤 되는 발음이라서 제가 읽을 때는 'R' 앞에 1초 정도의 일시정지 시간이 필연적으로 수반됩니다. 그의 이름을 정확하게 발음하고 싶어서 읽는 법을 물어보아도, 씨익 웃으며 "아무렇게나 네가 부르고 싶은 대로 불러"라고만 했거든요. 생긴 건 매우 다르지만, 그 인터뷰 장면에서만큼은 티머시와 제 동료 R이 겹쳐 보이더군요. 발음하는 법을 제대로 안 가르쳐주는 건 좀 슬프지만, 저는 그런 태도가 좋아요. 당신이 나를 뭐라 부르든 개의치 않는다. 남이 나를 부르는 방식이 나를 규정하는 건 아니다. 당신이 내 이름을 잘 몰라도 좋다. 나는 내가 할일을 하고 있을 것이고 당신이 나를 무어라 부르든 나를 찾으면 응답하겠다, 그런 태도요. 물론 제가 멋대로 해석한 겁니다.

과학에서는 이름이 대단히 중요합니다. 제 이름은 중요하지 않지만 행성의 이름, 위성의 이름, 달에 있는 크레이터의 이름과 화성에 있는 높은 산의 이름 같은 건 틀려서는 안 됩니다. 태양계 천체의 영어 이름은 주로 서양의 옛이야기에서 따온 것입니다. 예를 들어, 목성은 가장 거대한 행성이어서 제우스의 또다른 이름 유피테르가 되었습니다. 유피테르Jupiter를 영어식으로 읽으면 주피터가 되죠. 토성Saturn의 이름은 사투르누스에서 왔고, 천왕성

Uranus은 우라노스, 해왕성Neptune은 넵투누스의 이름을 순서에 따라 붙였습니다. 이름보다 더 중요한 게 있다면 명명법일 겁니다. 행성의 이름이야 고유명사를 따온 것뿐 과학적 의미는 없습니다. 그런데 그 행성이 암석형인지 기체형인지 분류할 때는 과학적 판단이 중요합니다. 그런데요, 국제화 시대라는 게 좀 그래요. 서양식 분류명을 우리말로 백 퍼센트 번역할 수가 없단 말입니다.

예를 들면 이런 겁니다. H. G. 웰스의 『우주 전쟁 *The War of the Worlds*』이라는 소설을 아시죠? 화성에서 온 외계인이 지구를 침략하는 내용인데, 원제를 직역하면 세계 전쟁입니다. 이게 무슨 n차세계대전 같은 소리인가 싶어요. 영어에서는 우주 속 천체를 종종 'world'라고 부릅니다. '세계'라고 해야 할지, '세상'이라고 해야 할지, 그냥 소리 나는 대로 '월드'라고 하는 게 나을지 모르겠습니다. 행성뿐 아니라 토성의 타이탄, 목성의 가니메데, 그리고 지구의 달과 같은 위성의 경우도 똑같이 그렇게 부릅니다. 우리 태양계뿐 아니라 다른 별 주변의 행성계도 월드라고 할 수 있어요. 그래서 저는 세계나 세상 대신에 다분히 과학적인 단어인 '천체'를 선호합니다. 하지만 소설이나 영화 제목에서 '천체 전쟁'이라고 하면 좀 그렇잖아요.

최근 들어 태양계 내에 있는 몇몇 천체의 지하에 바다가 있을 거라는 기대가 높아지고 있습니다. 목성이나 토성 주위에 있는 몇몇 위성들인데요, 꽁꽁 얼어붙은 지각 아래에 액체 상태의, 소금기가 있는 바다가 있을 거라고 추정합니다. 우리가 아는 유일한, 생명체가 탄생하는 장소인 바다. 그래서 앞으로 이런 곳을 탐사하는 우주선을 보내자는 제안도 솔솔 나오고 있어요. 가니메데, 엔켈라두스, 타이탄 같은 곳인데, 이런 곳을 통틀어 '오션 월드ocean worlds'라고 부릅니다. 우리말로 뭐라고 옮기면 좋을까 하는 것이 저의 요즘 생각거리 중 하나입니다. 해양 천체, 해양성 천체, 바다 천체 등으로 부를 수 있는데요, '오션 월드' 같은 맛이 안 납니다. 영어를 그대로 읽자니 물놀이공원 이름이라서 좀 그렇기도 하고요. 오션 월드 말고도 '월드'가 들어가는 몇 가지 다른 관련 용어도 있기 때문에 그런 말에 적용했을 때에도 뜻과 어감이 유지되어야 합니다. 쉽지 않더라고요.

우리나라에서 태양계 연구자 밀도가 가장 높은 시간과

공간은 점심시간 저희 구내식당이에요. 팀 사람들과 식사하다가 가끔 '월드' 이야기를 합니다. 그 외에 다른, 한글로 번역하기가 쉽지 않은 새로 생긴 용어에 대해서도 뭐가 좋을까 얘기합니다. 가끔은 SF 작가나 국어국문학과 교수께 묻기도 해요. 여전히 답을 찾는 중입니다. 무엇을 무엇이라 부르는 것은 중요하니까요. 다만 저는 무어라 부르셔도 상관없습니다. 상욱님의 제 이름 한자 맞히기 타율은 3할(그리고 3푼 3리 그리고······)이었는데요, 거기서 아주 멋진 편지가 생겨났잖아요.

따스한 햇살 아래
행복한 시시포스

×

상욱

채경님께 쓰는 마지막 편지입니다. 생각보다 시간이 빨리 지나갔다는 뻔한 말을 하기에는 지난 몇 달간 너무 많은 일들이 있었습니다. 세월이 흐르는 속도는 새로운 사건의 양에 반비례한다고 하더군요. 비슷한 일이 반복되면 시간이 빠르게 흐르지만, 새로운 일이 자꾸 일어나면 느리게 흐른다는 거죠. 아마도 비슷한 일은 압축하여 기억에 저장해서 그런 것이 아닐까요? 반복되는 비슷한 일은 저장된 기억의 양이 얼마 안 되니 시간도 얼마 지나지 않았다고 생각하는 거죠.

다시 시작하겠습니다. 채경님께 보내는 마지막 편지입니다. 생각보다 시간이 너무 느리게 흐른 것 같습니다. 마감 맞춰 글을 쓰는 일은 쉽지 않습니다. 그동안 여러 매체에 수차례 연재를 해온 터라 이제는 적응할 법도 한데 말입니다. 지금도 마감이 다가오면 시한폭탄을 해체하는 폭파 전문가가 된 느낌입니다. 학창시절, 시험이 다가오면 스트레스를 받던 기억이 있습니다. 당시는 북한이 언제라도 전쟁을 일으킬 수 있다고 생각하던 시대였는데, 시험을 앞두고 전쟁이라도 일어나서 시험이 취소되길 기원할 정도였죠. 이런 사람이 마감에 초연해지는 것은 애초에 불가능한 일입니다. 하지만 매도 둘이 맞으면 낫다고, 마감으로 괴로워하는 사람이 한 명 더 있다는 사실이 큰 위안을 주더군요. 함께 매맞아주셔서 감사드립니다.

마지막 편지이다보니, 시작이 있으면 끝이 있게 마련이라는 뻔한 이야기가 머릿속을 맴돕니다. 유한한 삶을 사는 인간에게 시작과 끝은 터널의 입구와 출구같이 항상 함께 존재합니다. 인간의 일에는 대개 시작이 있으면 끝이 있게 마련이니까요. 하지만 세상에는 시작만 있고 끝이 없는 것도 있습니다. 바로 저희 두 사람이 사랑하는 '우주'입니다. 우주의 끝이라고 할 때, 정확히 무엇을 의미하는지 설명하기는 힘듭니다. 우주에는 빅뱅이라는 시작점이 있습니다. 거대한 '꽝!'으로 시작한 우주는 줄곧 팽창하고 있습니다.

현재의 천문 관측 결과로 볼 때, 우주는 끝없이 팽창할 것으로 예측됩니다.

사실 지난 수십 년 동안 우주의 운명은 몇 차례 바뀌었습니다. 제가 대학생일 때는 데이터가 부족하여 우주의 미래를 정확히 알 수 없다고 했죠. 그 시절 제가 가장 좋아했던 우주의 운명은 우주가 팽창을 멈추고 수축을 하여 한 점이 되는 것입니다. 그럼 빅 크런치big crunch가 일어나고, 이어서 빅뱅이 다시 시작되겠죠. 우주는 시작도 끝도 없이 빅뱅, 팽창, 수축, 빅 크런치를 영원히 반복한다는 뜻입니다. 저는 지금도 이 이론이 미적으로 가장 아름답다고 생각합니다. 물론 과학은 미학이 아닙니다. 과학은 관측된 증거에 기반하여 결론을 내리는 방법론입니다. 관측 증거에 따르면 우주는 끝없이 팽창할 거라는 흉측한(?) 결론이 나오죠. 도대체 우주가 왜 멈추지도 못할 팽창을 시작한 것인지 이해할 수가 없습니다. 뭐, 우주가 저를 이해시킬 의무가 있는 것도 아닙니다만.

끝없이 팽창하는 우주는 결국 꽁꽁 얼어붙은 광활한(광활하다는 말로도 다 담을 수 없습니다만) 빈 공간에 눈에 보이지도 않는 입자들이 이따금 떠 있는 상태가 될 겁니다. 우리가 보기에 의미를 가진 존재가 거의 없는 그런 상태 말이죠. 물론 빅뱅의 순간 상상할 수도 없이 뜨겁고 작은 물질의 덩어리였던 우주에 어떤 의미가 있었던 것은 아닙니다. 인간이 부여하는 의미는 바로 인간 그 자신을 기준으로 하는 것이죠. 지구와 같은 온도에서 지구상 생물 정도의 복잡성을 가진 것들이 있어야 적어도 의미라는 것을 부여할 수 있다는 뜻입니다.

결국 이 세상은 처음부터 의미가 없었고 나중에도 무의미를 향해 간다고 할 수 있겠습니다. 빅뱅의 한 점이나 미래의 무한히 빈 공간이나 의미가 없기는 마찬가지니까요. 인간의 의미는 그 중간 어디쯤 그야말로 '적당히' 복잡한 물질의 형태에 있는 것일까요? 사실 의미는 물질이 아니라 비물질적인 것, 즉 인간의 행동이나 마음에 있는지도 모릅니다. 그렇다면 의미는 인간이 만든 것이고, 우주의 끝까지 기다리지 않아도 인간이 사라지면 함께 사라지는 것인지도 모르죠.

이쯤에서 알베르 카뮈의 『시지프 신화』가 떠오릅니다. 이 책은 무시무시한 문장으로 시작합니다. "참으로 진지

한 철학적 문제는 오직 하나뿐이다. 그것은 바로 자살이다."(『시지프 신화』, 김화영 옮김, 민음사, 2016) 카뮈에 의하면, 삶의 의미가 무엇인가 하는 것이야말로 가장 절박하고 중요한 질문입니다. 하지만 많은 철학과 사상은 이 세상과 삶에 아무 의미가 없다고 말합니다. 이 지점에서 카뮈는 "철학자가 존경받으려면 마땅히 자신의 주장을 실천으로 보여주어야 한다"라고 전제하고 "삶에 의미가 없다고 굳게 믿는 사상가들 중에 그 삶을 거부할 정도로까지 자신의 논리를 밀고 간 사람은 아무도 없었"다고 일갈하죠. 사실 논리적으로 주장하기는 쉽지만 실제로 실천하기는 거의 불가능한 법입니다. 결국 수많은 사상가들은 적당히 타협하고 사는 걸까요?

물리학도 이 우주에 인간이 말하는 그런 의미는 없다고 말합니다. 달이 지구 주위를 도는 것에는 어떤 의미가 있을까요? 이것은 옳은 일일까요? 정의로운 일일까요? 당연한 이야기지만, 특별한 의미 없이 그냥 도는 겁니다. 달이 지구 주위를 한 바퀴 도는 동안 지구는 30여 번 자전합니다. 왜 30번일까요? 아니, 왜 40번이 아닐까요? 여기에는 어떤 심오한 의미가 있을까요? 달이 지구 주위를 한 달에 한 번 도는 것은 그냥 그런 겁니다. 우주에는 인간이 말하는 의미는 없고, 사실만 존재합니다. 인간도 우주의 일부이고 달과 지구를 포함한 다른 모든 물질과 마찬가지로 원자로 이루어져 있습니다. 우주에 의미가 없다면 인간의 삶에도 의미가 없을 가능성이 큽니다.

아무 의미 없는 삶을 살아야 하는 부조리에 대해 카뮈는 책의 후반부에 이렇게 대답합니다. 바로 '시시포스의 신화' 이야기이죠. 시시포스는 그리스신화에 나오는 인물입니다. 걸핏하면 화를 내는 그리스 신들의 노여움을 사서 바위를 산 정상까지 굴려 올리는 벌을 받았죠. 이 벌의 가장 끔찍한 부분은 시시포스가 바위를 산꼭대기까지 옮겨놓자마자 다시 아래로 굴러떨어진다는 겁니다. 그러면 시시포스는 터덜터덜 아래로 걸어내려가서 다시 바위를 굴려 올려야 합니다. 시시포스는 무의미한 일을 반복하는 벌을 받은 겁니다. 삶에 아무 의미가 없다면 우리가 사는 하루하루의 삶은 시시포스의 삶과 같은 것인지도 모릅니다.

하지만 시시포스는 그의 바위를 응시합니다. 신은 그에게 벌을 주었지만 시시포스는 신을 부정하고 바위를 들어 올립니다. 우주에는 신이 없지만 그렇다고 우주가 하찮지는 않습니다. 바위의 입자 하나가, 어둠 속에서 바위가 내는 빛이 하나의 세계를 만듭니다. 이제 시시포스에게 모든 것이 좋습니다. 정상을 향한 투쟁이 그의 정신을 고양시킵니다. 이제 시시포스는 행복하게 바위를 굴려 올립니다. 카뮈는 행복한 시시포스를 생각해보라고 하면서 글을 마칩니다. 그래서 저도 행복한 시시포스가 되어 글을 마무리해볼까 합니다.

오늘은 따뜻한 햇살이 비쳐 마음까지 따스합니다. 저 햇살은 수소 핵융합 반응으로 에너지를 만드는 태양에서 온 것입니다. 우주의 수소는 대부분 빅뱅에서 만들어졌죠. 우주는 태양을 위해 138억 년 전 수소를 미리 만들어둔 걸까요? 햇살의 빛은 온도가 1500만 도에 달하는 태양의 중심부에서 만들어지는데, 표면까지 이동하기 위해서는 수백만 년이 걸립니다. 태양은 단순한 물질이 아니기 때문입니다. 햇살은 태양 내부에서 오랜 시간 숙성된 빛이라 할 수 있습니다. 그래서 붉게 물든 저녁노을에서 오래된 와인의 그윽한 향이 느껴지는지도 모르겠습니다.

태양 표면을 출발한 빛이 지구에 도착하는 데 8분 19초가 걸립니다. 원래 빛은 눈 깜짝할 사이에 이동하는 것으로 유명합니다. 하지만 태양에서 지구까지는 무려 1억 5천만 킬로미터에 달하기 때문에 8분 남짓 시간이 걸립니다. 1억 5천만 킬로미터라는 숫자는 저에게 깊은 울림을 줍니다. 이 숫자를 얻기 위해 목숨을 걸었던 사람들이 떠오르기 때문입니다. 금성이 태양을 지날 때, 적어도 지구상의 세 군데 이상의 장소에서 각도와 시간을 정확히 관측하면 삼각측량법을 이용하여 지구와 금성 간 거리를 알 수 있습니다. 이를 통해 지구와 태양 사이의 거리도 알 수 있죠. 1761년, 1769년 이를 관측하기 위해 수많은 과학자들이 세계 각지로 탐험을 떠났습니다. 1760년대면 아직 미국이라는 나라가 존재하지도 않을 때입니다. 당시로서는 목숨을 건 여행이었죠.

지구에 도착한 빛은 지구를 데웁니다. 지구가 뜨거워지는 것을 걱정하는 기후위기의 시대입니다만, 빛이 없으면 지구는 영하 270도의 불모지가 되었을 겁니다. 우주의 끝과 비슷한 상태입니다. 뜨거워진 지구의 물이 수증기가 되어 하늘로 올라갑니다. 빛이 사람에게 삶을 살아갈 힘을 주듯이 물에게는 중력을 이겨낼 용기를 줍니다. 이들이 떠

다니다가 뭉치면 비가 되어 낙하합니다. 빗물은 멀리서 여행 온 물입니다. 때로 빗물은 중국이나 인도의 이야기를 담고 있을지 모릅니다. 태풍의 물은 필리핀의 소식을 담고 있을 수도 있고요. 높은 곳에 내린 비는 아래로 흐르다가 수력발전소의 터빈을 돌리기도 합니다. 자석을 고정시킨 채 도선이 감긴 터빈이 돌아가면 전류가 발생합니다. 고등학교 때 배운 패러데이의 전자기유도 법칙이죠. 이렇게 만들어진 전기가 눈 깜짝할 사이 저희 집 콘센트까지 이동하고 지금 제 노트북을 충전하고 있습니다.

태양에서 전해진 따스한 햇살의 기운으로 채경님께 편지를 쓴 지도 어느덧 6개월이 되어갑니다. 채경님의 글에서는 (마지막 편지에서조차 우주가속팽창을 이야기하는) 차가운 물리학자의 글에서 보기 힘든 따스한 기운이 느껴집니다. 그 기운도 빅뱅에서 탄생한 수소가 만든 태양에서 전해진 것이겠죠. 연재는 여기서 끝이지만, 저희 사이 편지는 가속팽창하는 우주의 미래와 같이 끝없이 이어지길 기원합니다. 그동안 즐거웠고 행복했습니다. 감사합니다.

언젠가는

채경

마감은 참 재밌는 말입니다. 우리가 매주 글을 주고받기 위해서는 서로 '마감' 날짜를 맞추는 게 중요합니다. 마감의 괴로움에 대해 말씀하셨지만 그럼에도 불구하고 그런 마감의 괴로움을 선택한 것은 우리 스스로였다는 점을 기억합니다. 마감의 중요성을 지각한 건 끝나지 않을 것만 같았던 대학원 생활의 언젠가였습니다. 지금 하는 일에 별다른 진척이 없는 것 같아서, 학회가 열리는 먼 도시까지 출장 가는 게 번거로워서, 출장비는커녕 평소 밥값도 못하는 것 같다는 자책감이 들어서 학회 발표를 꺼리곤 했습니다. 그러나 지난번 발표 자료에서 단 한 장만 업데이트할 수 있는 수준일지라도, 학회에 가는 것은 중요하다고 생각합니다. 특히 대학원생에게는요.

학회 발표를 신청하려면 '초록abstract'이라고 부르는 한 문단 정도의 짧은 글을 미리 제출해야 하는데, 신청 시점에는 아직 뾰족한 결과가 없는 경우도 있었습니다. 그래도 두어 달 뒤에 있을 발표를 위해 지금부터 힘껏 경주하겠다는, 스스로를 향해 다짐하는 심정으로 신청하는 거죠. 예를 들면 아직 자료 분석이 끝나지 않았지만 "분석 결과를 제시한다"라고 선언합니다. 그래서 저는 가끔 초록을 녹색 소설이라고 불렀습니다. 아직 소설일지언정, 어쩌면 마지막 순간에 발표를 철회해야 할지 모르지만, 그래도 이 자리에 하염없이 고여 있지는 않겠다고 마음을 먹고 일단 신청하는 겁니다. 그러고 나서 '마감'에 괴로워하며 밤낮없이 자료 분석에 몰두하다보면, 뭐가 나오긴 나옵니다. 발표를 신청하지 않았다면 이르지 못했을 속도로, 녹색 소설을 쓰지 않았다면 얻지 못했을 결과를 얻게 됩니다.

우리도 그런 연유로, 마감이 없었다면 주춤하다 흐지부지되어버렸을 글을 쓰기로 했습니다. 그리고 이제, 시작할 때는 그리 멀어 보였던 도착점에 와 있습니다. 더 잘 쓸 수도 있었을 텐데, 같은 아쉬움이 입속을 맴돕니다. 이상은은 〈언젠가는〉이라는 곡에서 이렇게 노래합니다.

젊은 날엔 젊음을 모르고

사랑할 땐 사랑이 보이지 않았네

하지만 이제 뒤돌아보니

우린 젊고 서로 사랑을 했구나

눈물 같은 시간의 강 위로

떠내려가는 건 한 다발의 추억

그렇게 이제 뒤돌아보니

젊음도 사랑도 아주 소중했구나

저물녘의 어슴푸레한 빛을 펼쳐 보이는 것만 같은 이 곡을 저는 자주 생각합니다. 우리는 늘 그 당시에는 잘 모릅니다. 그때의 열정, 몰두, 집중, 기회, 환희, 발아래 복선처럼 슬쩍 묻혀 있던 가능성 같은 것을요. 제가 이 곡을 들어온 지도 상당히 오래됐어요. 그래서 새삼 되짚어보면, 이상은이 이 곡을 부른 건 이십대 초반이었습니다. 젊은 날에 대한 회한을 담기에는 아직 한참 이른 나이였죠. 하지만 그게 그렇게 이상하진 않아요. 고등학생은 중학생을 보며, 중학생은 초등학생을 보며, 그때가 좋았다고 회상하니까요. 그런 중고등학생에게 어른들은 그 나이 때가 참 좋았다느니 지금 행복한 줄 알라느니 하는 말을 건넵니다. 정년을 맞아 퇴임하시는 분들은 아직 승진 문턱에 걸려 있는 직원들을 보며 '그때'의 중요성을 실감합니다. 실감하는 주체는 그 모든 시간을 지나온 사람입니다. 그때를 그때그때 안다면 얼마나 좋을까요? 다 지난 뒤에 엉뚱한 사람에게 그런 말을 하지 말고, 그때 행복한 줄 알고 학교에 다녔더라면, 곧 기회가 올 것을 믿고 그때 준비했더라면, 그때 주변 사람들과 더 즐거운 시간을 보냈더라면……

지중해 연안, 잘 모르던 나라에 가서 잘 모르던 동네의 잘 모르는 유적지를 방문했습니다. 바다에 면한 넓은 구릉에 거칠게 펼쳐진 돌과 꽃과 풀을 보았습니다. 풀잎에 이슬방울처럼 매달린 달팽이와 눈 내린 듯 지천에 핀 유채꽃을 보았어요. 볕이 너무 좋았습니다. 그래서 고대인들의 거석 사원에 동지에는 해가 저쪽으로 들고 하지에는 이쪽으로 들거나 말거나, 거대한 돌에 어떤 별자리가 새겨져 있거나 말거나, 아무 상관도 없게 되었습니다.

박물관에 가는 날은 비가 내렸습니다. 저도 제 일행도

비 맞는 걸 좋아하지만, 서로를 위해 서둘러 우산을 썼습니다. 혼자라면 상관없지만, 누군가와 같이 있을 땐 우산을 쓰지 않으면 상대방이 곤란하니까요. 질척이는 길에서 한참 줄을 선 끝에 박물관 건물로 들어섰습니다. 이번에는 미리 예약해 온 입장권의 바코드가 말썽이었습니다. 인식이 잘 되지 않아 매표소와 입장권 개찰구 사이를 몇 번이나 오가는 동안, 이대로 돌아가도 좋겠다는 생각을 했습니다. 빗소리를 들으며 앉아 있었던 박물관 앞 카페만으로도 충분했거든요.

우리는 볕이 좋을 때, 지붕 아래서 빗소리를 들을 때는 지금의 그 순간이 좋은 줄을 충분히 압니다. 세탁기에서 막 꺼낸 빨래를 탁탁 털어 널 때, 뒤돌지 않아도 등뒤에서 디지털 도어록이 삐빅 소리를 내며 문이 잠길 때, 깨끗하게 부셔놓은 접시 하나가 아직 찬장에 남아 있을 때, 월요일 아침 사무실 책상에 주말 동안 쌓인 먼지를 닦을 여유가 있을 때, 화장실에 휴지가 떨어져 아차 싶었는데 바로 옆에 여분의 두루마리가 있을 때에도 지금의 그 순간이 충분히 좋은 줄을 안다면 얼마나 좋을까요? 다 지난 뒤에 엉뚱한 사람에게 그때가 좋았다고 하는 대신에 말입니다.

  아무리 천문학자라도 우주의 미래는커녕 당장 저의 오늘에 어떤 일이 벌어질지조차 알지 못합니다. 그러나 바위 표면의 입자 하나, 어둠 속에서도 바위가 내는 빛이 만드는 세계, 붉게 물든 저녁노을의 그윽함을 생각하는 어느 물리학자와 편지를 주고받는 것은 행복했습니다. 고맙습니다. 그리고 언젠가는.

채경의 무물

Q.
사람들 속에서
자신을 사랑하는 방법이
있으신가요.

얼마 전 군대 입영 신청이 있었어요. 저는 2월 지망이었습니다. 하지만 사람이 많이 몰려 사이트가 마비되었고, 8월 입영까지 밀려났습니다. 곧 스물여섯 살이라 빨리 군대를 갔다 와서 사회에 진출해야 제 진로를 찾든, 결혼을 하든, 여자친구에게 안정감을 주든 할 텐데, 다시 반년을 허비할지도 모른다는 사실이 힘듭니다. '왜 미리 대비하지 못했을까' 자책하면서도, 스스로를 사랑해야 한다면서 다독이고 있습니다. 하지만 부모님께 죄송해서, 여자친구에게 미안해서 '스스로를 사랑해도 되는가?'라는 회의감이 듭니다. 다른 사람들 속에서 자신을 사랑하는 방법은 혼자일 때보다 더 어려운 것 같습니다. 사람들 속에서 자신을 사랑하는 방법이 있으신가요.

A.

인생에는 항상 문제가 있습니다. 아무 일 없이 평화롭다가도 갑자기 문제가 생기곤 하죠. 제대로 대비하지 않으면 생기고, 잘 대비해도 다른 데서 생깁니다. 그 문제라는 것은 꼭 외부에서 오는 것만이 아니라, 내 안에서 발생하기도 합니다. 그런데 말입니다, 가족, 친구, 연인, 동료, 그리고 자기 자신으로서 안정감을 주는 사람이란 어쩌면 모든 걸 한 치의 오차도 없이 완벽하게 해내는 사람이 아닐지도 모릅니다.

〈흑백요리사〉에서 식재료가 부족하자 방금 전까지 치열하게, 조금은 치사하게까지 싸웠던 상대 팀에 가서 재료를 빌려오는 리더 요리사를 보았습니다. 살벌한 런웨이에서 구두 굽이 부러졌어도 걸음걸이 하나 흐트러지지 않고 척척 걸어나갔던 모델 혜박의 일화는 10여 년이 지나도 잊히지 않습니다. 태국 소년 축구팀 '무 빠'의 코치는 축구팀 아이들과 동굴을 구경하러 갔다가 홍수로 급격히 물이 불어나 동굴 속에 갇히고 말았지만, 구조될 때까지 침착하고 현명하게 대처하며 무려 20여 일 동안 모든 아이들을 건강하게 생존시켰습니다. 세상은 그를 비난하기는커녕 영웅으로 추앙합니다.

촛불은 바람이 불면 곧 꺼진다는 말에 LED 초를 들고 나가는 사람들, 초가 아닌 무엇이라도 집에 있던 밝은 것을 들고 거리로 나서는 시민들이 있는 사회는, 문제가 좀 생기더라도 믿고 의지할 수 있습니다. 또 어디선가 문제가 발생하겠지만 우리는 그때도 어떻게든 잘 헤쳐나갈 겁니다. 누군가는 득달같이 달려들어서, 누군가는 낮은 데서 조심스럽게 포복하면서, 누군가는 멀리서 관망하면서요.

안정감을 주는 사람이란 모든 걸 완벽하게 통제하는 자가 아니라, 위기에 유연하게 대처하는 사람일 겁니다. 문제는 항상 생겨요. 해결하면 돼요. 당장 해결하지 못하더라도, 잘 대처하면 돼요. 해결했다고, 잘 대처했다고 생각했던 게 나중에 새로운 문제를 만드는 경우도 있습니다. 그래도 괜찮아요. 또 새로운 방향으로 나아가봐요.

× 에필로그 ×

상욱의 인사

편지를 썼습니다. 130킬로미터쯤 떨어져 있는 천문학자에게요. 천문학이 다루는 거리를 생각하면 바로 옆에 앉아 있는 것이나 다름없지만, 1시간에 4킬로미터쯤 걸을 수 있는 인간에게는 편지가 대화를 나눌 최선의 방법인지도 모릅니다. 대화는 귀를 통해 음악처럼 전달되기에 감정이 직접 전해지지만, 글로 하는 대화는 눈을 통해 전두엽의 이성적인 분석을 거치기에 행간에 숨은 감정을 읽어내는 즐거움이 있습니다.

우주의 천체를 탐구하는 천문학자는 원자 같은 일상을 이야기했고, 원자를 탐구하는 물리학자는 제법 큰 주제를 이야기했습니다. 같으면서 다른 분야에 몸담은 두 사람의 글은 결이 달라 더 흥미로웠던 것 같습니다. 속마음을 드러내기보다 냉정하게 써내려간 (차갑다기보다는) 미지근한 물리학자의 글에 언제나 따뜻한 감정을 살짝 뿌려 답해주셔서 좋았습니다. 편지를 읽고 생각하고 쓰는 순간순간 함께해주셔서 고맙습니다.

저희가 주고받은 편지를 함께 읽어주신 독자 여러분께도 감사의 마음을 전합니다.

채경의 인사

 편지를 썼습니다. 자주, 누군가에게요. 깊은 고민은 꺼내지 못했습니다. 나침반이 바람 앞 촛불처럼 흔들릴 때 방향을 알지 못하고 같이 휘말리는 와중에는 편지 속으로 도피했습니다. 엉뚱한 소리만 늘어놓으면 고개를 갸웃하면서도 정성스럽게 답장을 써줄 것만 같은 사람에게요.

 가을에 시작한 글을 봄에 마무리했습니다. 물리학자가 꿋꿋하고 냉철하게 세상에 가득한 과학 이야기를 하는 동안 천문학자는 매양 과학 밖에서 놀다가 해질녘에야 사부작사부작 과학의 울타리 안으로 들어왔습니다. 우주만큼 크고 원자보다 작은 이야기, 사소하고 무거운 이야기들을 디딤돌 삼아 우리는 어디로 온 것일까요?

 어쩌면 과학에 울타리 같은 것은 처음부터 없었는지도 모릅니다. 마음이 급해 자꾸만 발을 들썩이는 나를 노려보는 신호등 속 빨간 사람, 풀잎에 스미는 햇빛, 블루투스 이어폰으로 듣는 음악과 노트북을 켜고 편지를 적는 모든 것이, 오늘날의 우리와 그 존재를 가능케 한 모든 것이 과학이라는 우주, 우주라는 과학 안에 있으니까요. 그 커다란 품안, 어느 순간에 함께해주셔서 고맙습니다.

과학산문

ⓒ 김상욱·심채경 2025

초판 인쇄	2025년 8월 25일
초판 발행	2025년 9월 5일
지은이	김상욱·심채경
펴낸곳	복복서가(주)
출판등록	2019년 11월 12일 제2019-000101호
주소	03720 서울특별시 서대문구 연희로 28길 3
홈페이지	www.bokbokseoga.co.kr
전자우편	edit@bokbokseoga.com
마케팅 문의	031) 955-2689
ISBN	979-11-91114-90-4 03810

KOMCA 승인 필

이 책의 판권은 지은이와 복복서가에 있습니다.
이 책 내용의 전부 또는 일부를 재사용하려면 반드시 양측의 서면 동의를 받아야 합니다.
이 책의 일부를 어떤 방식으로든 인공 지능 기술이나 시스템 훈련 목적으로 사용하거나 복제할 수 없습니다.
No part of this book may be used or reproduced in any way for the purpose of training artificial intelligence techniques or systems.

잘못된 책은 구입하신 서점에서 교환해드립니다.
기타 교환 문의: 031) 955-2661, 3580